创客教育系列丛书

创意呈现

胡永跃 主编

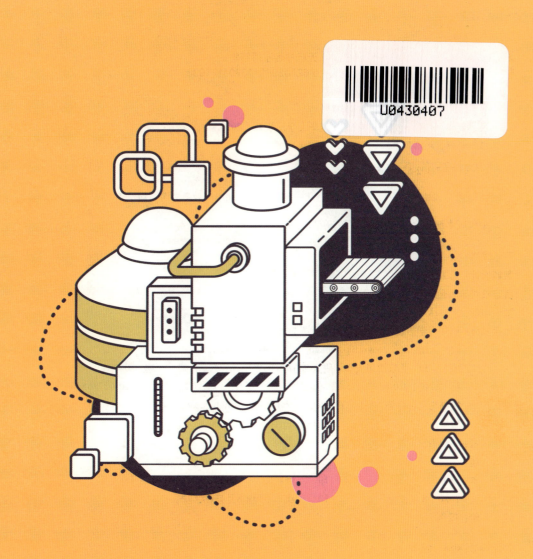

清华大学出版社
北京

内 容 简 介

本书内容包括"创客通识""畅想创作""创意制作"三部分。第一部分通过"创客是怎样炼成的"项目范例，引领同学们掌握创客创作的基本方法与技能，增强创新意识，发展创新思维，提高创新能力，能够像创客一样思考和解决问题。第二部分通过"移民月球"项目范例，引导同学们学习和体验虚拟创作，把想法变成多媒体数字作品，努力朝着擅写善演的虚拟创客方向发展。第三部分通过"机器狗设计及其实体呈现"项目范例，启发同学们进行实体创作，将创意变为现实，努力成长为能制会造、熟能生巧的实体创客。

本书为创客教育系列丛书初中第二册，适合初中二年级学生阅读使用。

本书封面贴有清华大学出版社防伪标签，无标签者不得销售。
版权所有，侵权必究。侵权举报电话：010-62782989 13701121933

图书在版编目(CIP)数据

创意呈现 / 胡永跃主编. —北京：清华大学出版社，2020.7
（创客教育系列丛书）
ISBN 978-7-302-55895-8

Ⅰ. ①创… Ⅱ. ①胡… Ⅲ. ①科学技术—活动课程—初中—教学参考资料 Ⅳ. ①G634.73

中国版本图书馆CIP数据核字(2020)第108947号

责任编辑：张　瑜
装帧设计：杨玉兰
责任校对：李玉茹
责任印制：宋　林

出版发行：清华大学出版社
网　　址：http://www.tup.com.cn, http://www.wqbook.com
地　　址：北京清华大学学研大厦A座　　邮　编：100084
社 总 机：010-62770175　　邮　购：010-62786544
投稿与读者服务：010-62776969, c-service@tup.tsinghua.edu.cn
质量反馈：010-62772015, zhiliang@tup.tsinghua.edu.cn

印 装 者：三河市铭诚印务有限公司
经　　销：全国新华书店
开　　本：210mm×285mm　　印　张：7　　字　数：168千字
版　　次：2020年8月第1版　　印　次：2020年8月第1次印刷
定　　价：49.80元

产品编号：088175-01

序

  全球化和人工智能、大数据、区块链等技术的飞速发展，正在深刻改变着人才需求和教育形态，促使学生掌握在21世纪生存和成功所需的知识与技能，它们被称为21世纪的高阶思维技能、更深层次的学习能力以及复杂的思维和沟通技能。创客教育与STEM教育作为跨学科综合教育的有效形态，在全球范围内，特别是在美国、英国、德国、以色列、芬兰、日本等发达国家，已被提升到国家发展及人才战略的高度。近年来，STEM教育理念在我国也越来越受到广泛重视并达成共识，其优越性体现在以下方面。

  一是用知识解决问题。学生需要应用知识和技能，并且必须能够将知识和技能、学习和能力、惰性学习和主动学习、创造性和适应性的学习转化为有价值的高阶思维的分析、评价与创造。

  二是批判性思维。批判性思维被认为是21世纪学习的基础，包括对信息的获取、分析和综合，并可以被教授、练习和掌握。批判性思维还利用了其他技能，如交流、信息素养能力，以及检验、分析、解释和评估证据的能力。

  三是问题解决能力。21世纪学生的另一个基本能力是解决问题，研究和解决问题的技能包括识别和搜索、选择、评估、组织和权衡备选方案和解释信息的能力。

  四是沟通与协作。良好的沟通能力，包括口头和书面表达令人信服的想法的能力，能提出明确的意见，能接受连贯的指示，并通过言语激励他人，这些能力在工作场所和公共生活中都被高度重视。规范的合作学习需要改变课程、教学、评估实践、学习环境和教师的专业发展，21世纪的合作将在学校内部、学校之间、学校内外的沟通之间发展。

五是创新与创造力。在全球化竞争和任务自动化的今天，创新能力和创新精神正在迅速成为职业和个人成功的必要条件，勇于"抓住"问题和实践探究"开拓新领域"的能力，激发新的思维方式，提出新的想法和解决方案，提出不熟悉的问题，并得出意想不到的答案，进一步激发创新和创造力。

六是基于项目和基于问题的探究式学习是 21 世纪教与学的核心，是实现 21 世纪教育目标的理想教学模式。学生们通过设计和构造现实生活中问题的实际解决方案来学习，在小组合作中，学生将开展跨学科知识融合与研究，对项目的不同部分负责，互相评价对方的工作并创造出专业的高质量产品，这将有助于培养学生在现实世界中解决问题的能力。

国内对 STEM 课程的研究还处于起步阶段，存在概念理解偏差、课程设置不完善以及师资力量不足等问题。一些技术驱动的创客内容，脱离了教育本质，未能以核心素养为本推动学生内在发展。虽然国内也出现了许多课程，如机器人、3D 打印、编程等，但大多呈现出碎片化的状态，没有形成一套完整的课程可供大家参考和借鉴。针对这种情况，"创客教育系列丛书"力求以系统化、可持续、可评价的方式开展 STEM 教育和创客教育的理论研究与实践探索，研发了一套 STEM 教育和创客教育的系统化课程，完成了从小学、初中到高中的有效衔接，以落实基于 21 世纪核心素养人才的培养方案。本丛书编写的指导思想，结合了我国国情，从"立德树人、服务选才、引导教学"角度出发，融项目式学习（PBL）、STEM 理念于一体，基于通识教育，以项目式学习推进 STEM 教育。该丛书包括小学三册、初中三册、高中三册，立足于大众创客教育，围绕数字创作、人工智能、创意制作、畅想创作四类课程有效进阶，结合网络学习平台，软硬结合，虚实融合，线上线下整合，培养学生 21 世纪核心技能。因此，该丛书的内容设计在选取上注重输入与输出的有效对接，每种课程都有合适的出口，最终都呈现出学生作品，与培育精英人才结合，与市、省及国家级的竞赛活动衔接。本丛书解决了跨学科融合与考试升学之间的矛盾；解决了不同地区经费需求不同的问题；解决了创客教育与 STEM 教育可持续性问题；解决了创客教育师资不足的问题。丛书出版以符合教育部公示并通过审核的面向中小学生的全国性竞赛活动为准，作品无论是虚拟创作还是实体制作，都是一个项目、一种工程。该丛书用项目式学习为师生提供明确的教学指引和学习支架，小学、初中、高中各阶段教材均以知识技能为主线，以项目教学或项目式学习为辅线，通过项目范例、项目选题、项目规划、探究活动、项目实施、成果展示、活动评价等环节引领教与学的活动。丛书中项目教学的思路主要通过项目式学习实施路径和项目活动评价表予以落实。

该丛书立足创客教育与 STEM 教育战略高度的顶层设计，聚焦教育创新战略，设计教育改革发展蓝图，积极探索新模式，借鉴国际教育发展前沿趋势和国内创新实践，聚焦提升人才培养质量，以为国家建设培养创新人才为核心，整合全社会资源，项目引路，构建由中小学校校内之间、不同学校之间以及校外与科研机构、高新企业、社区和高等学校组成的项目式学习发展共同体，以实施系统完整的创客课程与 STEM 课程为主线，打造覆盖区域的课程实施基地，面向全体，让每一个学生接受创客教育与 STEM 教育，通过课程的常态化和人才选拔，培养国家发展急需的创新型人才和高技能人才，为国际教育发展和科技创新型人才培养提供中国智慧和中国方案。

该丛书难免存在缺点和不足，殷切希望广大读者批评指正！

中国教育信息化创客教育研究中心
丛书主编　孙晓奎
2020 年 7 月

给同学们的话

在"大众创业、万众创新"国家战略的驱动下，未来将呈现新硬件、新技术迅猛发展的趋势，必将涌现出大量实体创客、虚拟创客。

创客即创意实现者，泛指科学、技术、文学、艺术等领域的创新人才，既包括想象创作（表达、表现）者，也包括实体创作者（匠人、工程师、发明家）。

创客教育秉承"大众教育，立德树人"的教育思想，融项目学习、STEM理念于一体，结合网络学习平台，软硬结合，虚实融合，线上线下整合，既在培养动手造物的创客方面下功夫，也在培养畅想创作的创客方面花力气，有效培养学生的创新、创造能力，广泛培育大众创客。

本书为创客教育系列丛书初中第二册，内容包括"创客通识""畅想创作""创意制作"三部分，围绕创新思维的培养目标，设计了"创客是怎样炼成的""移民月球""机器狗设计及其实体呈现"项目范例，通过"情境→主题→规划→探究→实施→成果→评价"的项目学习方式展开活动，帮助同学们掌握创客创作的基础知识、方法与技能，增强创新意识，发展创新思维，提高创新能力，树立正确的社会价值观和责任感，能够像创客一样思考，逐渐形成像创客一样解决问题的行为习惯，从而促进同学们创新素养的提升。

本书各章首页的导言，叙述了该章的学习目的与方式、学习目标与内容，让同学们对各章有个总体认识。每章末设置了"本章扼要回顾"，通过知识结构图把每

创意呈现

章的主要内容以及它们之间的关系描述出来，这有助于同学们建立自己的知识结构体系；通过每章的"回顾与总结"，让同学们综合评价自己在运用所学知识与技能解决实际问题的过程与方法，以及相关情感态度与价值观的形成等方面，是否达到了该章的学习目标。此外，还为同学们提供了配套学习资源包，里面含有拓展阅读资料、编程软件以及所有案例的源代码等，为同学们开展项目学习提供帮助。当然，同学们还可以自己收集素材，让自己的项目学习作品更有特色。

同学们，你们都是新时代的天之骄子，让我们一起迈进新技术的殿堂，在学中做，在做中创，在创中乐，共享创作，分享创作，努力成长为新时代的创客。

目录 CONTENTS

第一章　创客通识 1

项目范例：创客是怎样炼成的 2
第一节　创新意识形成 3
　　一、认识创造力 3
　　二、创新态度 4
　　三、创新习惯 7
第二节　创新思维培养 9
　　一、创新思维 9
　　二、思维方法 12
　　三、创新技法 16
第三节　创新技能训练 18

　　一、头脑风暴 18
　　二、默式激励 22
　　三、强制联想 23
第四节　创新作品分享 25
　　一、作品审视 25
　　二、作品特色 27
　　三、展示表达 28
本章扼要回顾 30
回顾与总结 30

第二章　畅想创作 31

项目范例：移民月球 32
第一节　创意形成 33
　　一、真实情境，头脑风暴 33
　　二、整合思维，形成主题 34
第二节　规划设计 35
　　一、分工协作，方案设计 35
　　二、交流讨论，优化方案 36
第三节　探究实施 38

　　一、探究学习，补充知识 38
　　二、技术运用，媒体融合 39
第四节　成果呈现 46
　　一、合成作品，检视功能 46
　　二、分享交流，迭代优化 48
本章扼要回顾 50
回顾与总结 51

第三章　创意制作 53

项目范例：机器狗设计及其实体呈现 ... 54
第一节　3D 打印 56
　　一、3D 打印基本技术 56
　　二、3D 打印机开源方案 58

第二节　3D 打印实施过程 60
　　一、3D 设计软件 60
　　二、设计小垫片模型 61
　　三、3D 打印实施 61

第三节　实体结构搭建 64
　　一、折叠椅 64
　　二、曲柄机构 67
　　三、机器狗 68
第四节　3D 设计机器狗 69
　　一、机器狗基本结构 70
　　二、机器狗体设计 71
　　三、机器狗腿设计 73
　　四、机器狗头设计 78
第五节　制作机器狗 81
　　一、打印机器狗组件 81
　　二、切割机器狗零件 84

　　三、组装简易机器狗 88
第六节　让机器狗动起来 92
　　一、机器狗运动设计 92
　　二、机器狗自动运动 93
　　三、遥控机器狗 96
第七节　实体作品创作 98
　　一、确定主题 99
　　二、提出方案 99
　　三、实施项目 99
　　四、交流、分享 99
本章扼要回顾 101
回顾与总结 101

附录　项目活动评价表 103

第一章
创客通识

　　随着"大众创业，万众创新"热潮的兴起，创客、创客空间等概念得以迅速传播，引发了社会大众对创客的广泛关注。在这种大环境下，不仅艺术家、设计师、工程师等专业人员可以成为创客，而且普通的业余爱好者也可以利用开源硬件和数字化工具，自己动手将创意转化为实物作品或精神作品，从中体验创造的乐趣。

　　本章设立创客通识课程，通过"创客是怎样炼成的"项目，引领同学们进行自主／协作的探究学习，让同学们认识创新的意义，了解创新思维的表达方式，学习创新技能，具备创新意识，能够像创客一样思考，形成像创客一样解决问题的行为习惯，从而将知识建构、技能培养与思维发展融入运用数字化工具解决问题和完成任务的过程中，促进创新思维的发展，完成项目学习目标。

第一节　创新意识形成
第二节　创新思维培养
第三节　创新技能训练
第四节　创新作品分享

创意呈现

项目范例：创客是怎样炼成的

● 情境

随着"大众创业，万众创新"热潮的兴起，创客已成为一个热词。那么，什么是创客？创客应具备什么素质？怎样才能成长为创客？

● 主题

创客是怎样炼成的。

● 规划

根据项目范例的主题，在小组中组织讨论，制订项目学习规划，例如：
1. 创客应具备怎样的素质？
2. 创客应掌握哪些基本技能？
3. 小组成员分工与研究进度怎样安排？如何分享创意？

● 探究

根据项目学习规划的安排，通过调查和案例分析，文献阅读或网上搜索资料，开展"创客是怎样炼成的"项目学习探究活动，如表1-1所示。

表1-1 "创客是怎样炼成的"项目学习探究活动

探究活动	学习内容	知识技能
创新意识	端正创新态度	明确创新含义，营造创新氛围，学会全向思考
	养成创新习惯	遇事想一想、问一问，吾日三省吾身
创新思维	创新的一般原理	了解创新的基本原理
	创新的常见方法	掌握常见的创新方法
创新技能	头脑风暴	学会用思维导图表达灵感或创意
	把握直觉，强制联想	学会用强制联想的方法拓展思维
作品分享	作品挖掘与语言表达	挖掘作品特色，善用文字、口头、肢体语言
	多媒体与数字化工具	善用数字化手段表达与分享作品

● 实施

实施项目学习各项探究活动，了解创新原理，掌握创新技能。

● 成果

在小组开展项目范例学习过程中，梳理小组成员在学习活动中的观点，建立观点结构图，运用多媒体创作工具（如演示文稿、在线编辑工具等），综合加工和表达，形成可视化学习成果（如项目研究报告），并通过各种分享平台发布。

● 评价

根据本书附录的"项目活动评价表"，对项目范例的学习过程和学习成果在小组和全班中或网络上开展交流，进行自评和互评。

● 项目选题

请同学们以3~6人组成一个小组，选择下面一个参考主题，或者自拟一个感兴趣的主题，开展项目学习。

1. 初中生怎样成长为创客？
2. 创新思维研究。
3. 如何分享项目作品？

● 项目规划

各小组根据本组的项目选题，参照项目范例的样式，利用思维导图工具，制定相应的项目方案。

● 方案交流

各小组将完成的方案在全班中进行展示交流，师生共同探讨、完善相应的项目方案。

第一节　创新意识形成

人与动物的根本区别就是人智商较高，具有思维意识和创造并使用工具的能力。因而，我们每一个人都不必为"我们是否富有创意"而感到害怕或局促不安，而应积极树立创新意识，塑造创新人格。

创新意识和创新人格的形成，要从认识创造力，端正创新态度，养成创新习惯开始。

一、认识创造力

创造和创新是两个不同的概念，创造是首先想出或做出前所未有的事物，创新则以现有的思维模式提出有别于常规或常人思路的不同见解、更新或改变。通俗地说，创造是从0到1，而创新是从1到2或从1到多。从难度上讲，创新比较容易实现，任何人都可以创新。

任何人都有一定的创造力。创造力可分为超级创造力、中级创造力和日常创造力，分别对应于超级创新者、中级创新者、日常创新者，如图1-1所示。

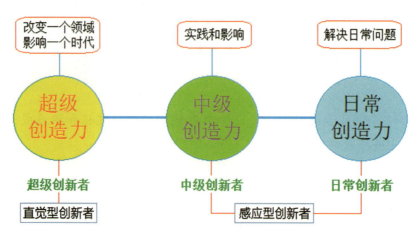

图1-1 创造力分类

1. 超级创造力

超级创造力就是我们大多数人在想到大艺术家、大科学家时所想到的那种创造力，如贝多芬、毕加索、牛顿、爱因斯坦等，正是他们的那种创造力，改变了他们所在的整个领域，影响了一个甚至几个时代。

2. 日常创造力

日常创造力是指在日常生活中所显现的创造力，即解决日常问题的能力。我们每个人都具备日常创新的能力，对于日常的生活问题，总能找到解决的办法。例如，当我们在前进的过程中发现某一条路不通的时候，总能找到另外一条路；当我们发现自己的厨房中缺了一味调味品时，总能找到替代品，如此种种。

3. 中级创造力

中级创造力介于超级创造力和日常创造力之间，虽然具有中级创造力的人不一定能够对他们所在的整个领域产生影响，但他们仍然可以展示出原创性、发散性思维，可以创造出所在领域的创新的方法技巧、学术和技术成果。

研究表明，在全球人口中，约有30%的人可以成为"直觉型创新者"，即具备伟大创造力的思想者和行动者，实现前所未有的创新，而余下的大多数人属于"感应型创新者"，即能够将创新的思维与现有条件的改善相结合的创新者。

通过创新教育、创新训练，可能不会让人迅速上升到重塑世界的水平，但可以让人从日常创新者进阶为中级创新者，并可最终问鼎或尝试超级创新行为。

二、创新态度

创新是一种态度，态度决定高度。我们要怎样做才算是有创新的态度呢？简略表述，如图1-2所示。

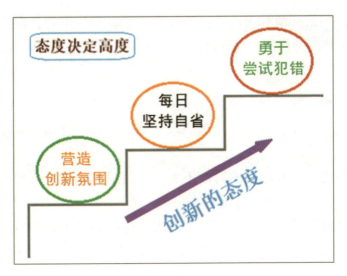

图 1-2　创新的态度

1. 营造创新氛围

创新氛围包括外部氛围和自己内心的氛围。

外部创新氛围的营造需要群体的努力甚至需要全社会每一个人的参与。作为创客，我们要有积极的态度和热情，努力打造创新的环境，营造人人都可以创新的氛围。很多情况下，你一个简单的想法并不是很有价值，但是别人听到后，也许刚好能补上所缺的那一块，或者改变一下方法或用法就是一个很好的创意；反过来也是如此，别人一个简单的想法也许就可以补你所需，让你从中获得启发。这就是营造外部创新氛围的价值所在。

内在创新的氛围需要你在思想上自我营造，在心理上突破框架，构筑一个创新的空间，你要有一种允许你自己去改变、去突破、去创新的意识，并不断滋润这种意识，让创新能够野蛮生长，如图 1-3 所示。这样，在你有需要时大脑才能涌出新的想法，产生新的点子。

图 1-3　让创新野蛮生长

人本来就会创新，如果环境和内心都能够让你的创新得以发挥，都不限制你创新的表现，自然就会刺激你产生一些新的想法，也允许你孕育这些想法，直到它们成熟。

2. 每日坚持自省

每天都要坚持想一想、问一问：今天有没有去想什么事情可以改变？什么规则可以打破？什么事情可以马上行动？如果你从来都不去想改变什么、打破什么、做什么，那创新又从何开始呢？

规则是可以被打破的。看到规则的时候不要盲目遵从，先要了解规则为什么那样定，才能知道什么时候、为了什么原因，可以打破它。

每日坚持自省，"省"了就要及时记录、整理，包括你已经废弃不用的想法，也许你以后可能用得着，或者能补别人所需。这本"省"集就是你创新的点子集、火花集，如图1-4所示。

图1-4 每日自省记录火花

3. 勇于尝试犯错

真正的创客要懂得全向思考，勇于尝试，敢于行动。

所谓全向思考，就是要周密地考虑问题，每一个方面都要想到，哪些是可以马上做的，哪些是现在还不能做或难以实现的。一旦想清楚了该做的事，不管外面的情势怎样，不管遇到什么阻碍，都要立即动手去做。而对于那些暂时还不能实现的想法，要放眼全局，放眼未来，多利用手边的资源，学习新知识，掌握新技能，为未来创新积累资本，提升能力。

想到了就要马上行动，在行动中要勇于尝试，不要怕犯错。没有犯错的机会，就没有成长的机会。最快的学习方法就是犯错，越是丢脸的错误，印象越深，教训越深，越不会再犯。当然，我们提倡勇于尝试，但也反对"明知故犯"，明明知道不可为的事情，例如理论和实践证明"永动机"不可能，你却仍然坚持去做就不应该了。

总之，对于中学生而言，创新就要从简单开始，从模仿开始，从改变现状开始，从马上行动开始。

探究活动

阅读

创客的基本素质

敏锐观察。能够在"见怪不怪"的事物或现象中找出"怪"来。

执行力强。常人想到一件事情，可能就是想一想，而创客想到了就会立即动手去做，努力将想法变为现实。

知识广博。没有见识或广博的知识铺垫，难以产生丰富的联想和创意。

善于学习。从创意到实现，必定需要新知识、新技能，因而创客必须特别会学习，能够根据项目需要及时补充所需要的知识和技能。

头脑清醒。在人类社会里，有些创意能做，有些则不能去做，因此创客要有清醒的头脑，具备较强的法制意识和安全意识。

身体强健。在创意实现的过程中，可能会超强度、超负荷工作，甚至废寝忘食，没有强健的体魄是难以胜任的。

思考

创客＝创新客＋创造客，任何人都可以成为创客。

对照创客的基本素质和创新的态度，你觉得自己能成为创客吗？在小组内讨论、交流。

三、创新习惯

创新是一种思维习惯，是一种个人品质，也是一种人格特质，并且这种习惯或特质会通过不断的反复练习而得到强化。因此，实现创新，必须主动树立创新意识，做到遇事就联想，发散开来想，换角度想，勤学好问，逐渐养成乐于创新的习惯。

1. 遇事联想

遇事联想，是指每一天，不仅对新发生的情况或现象进行思考、联想，寻求解决办法，而且对于常见的事物或现象也要注意再看一看，再想一想，联想到其他的现象或问题及其解决办法等。

例如，"智能衣架"的创意就是从普通衣架开始联想而形成的，如果装上电机或舵机就可以让衣架自主移动或转动，如果装上湿度传感器就可以控制衣架在下雨时移动到合适位置避雨。智能衣架结构设计，如图1-5所示。

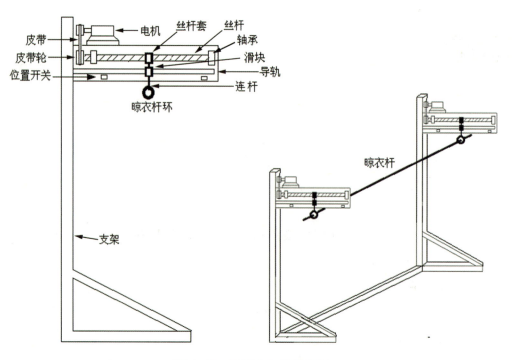

图1-5 智能衣架结构设计

2. 换位思考

换位思考包括两方面的含义，一是指将心比心、设身处地地从他人的角度考虑问题，学会合作交流，从中获得启发；二是指对事物或现象的观察、思考，要注意换角度、换位置、换环境思考，甚至可以将事物或现象拟人化，从其本身的场景或处境来思考，很多科幻作品、动画作品，就是从拟人化的思考开始的。

例如，"盲人智能拐杖"的想法，就是从盲人的角度来思考问题，盲人前方路况如何方便探测并反馈？遇到障碍物时该怎么办？悬空的障碍物怎么避开？发生事故时怎样告知家人或报警？盲人智能拐杖参考设计图，如图1-6所示。

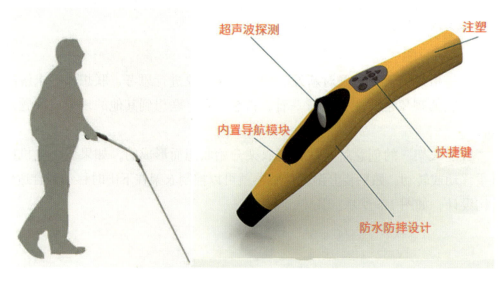

图1-6 盲人智能拐杖参考设计图

● 交流

科学研究表明，人类的大脑是世界上最复杂也是效率最高的信息处理系统。

(1) 学习和思考能够保持大脑的活力，学到老有助于活到老。

(2) 每一个人，即使是做出了辉煌创造的人，在其一生中利用自己大脑的潜能，还不到1%。

人的大脑是智慧的源泉，大脑的潜能非常巨大，创新有益于大脑潜能的开发，有益于生命的延长。对此，你有什么看法？在小组内讨论、交流。

● 项目实施

各小组根据项目选题及拟定的项目方案，结合本节所学知识，进一步修订、完善项目方案，按照项目进度实施相关活动。

第二节　创新思维培养

明白创新思维，掌握创新方法，运用软性思维（不同于逻辑思维）、发散思维、直觉思维，学会转变思考方向，兼顾批判包容，学会加减、移植等方法，有利于培养和形成创新思维。

一、创新思维

创新思维是指对已有事物构成要素进行新的组合或分解，从而促进已有事物的进步或发展，或者在已有事物的基础上获得新的发现或改进。创新思维是人们从事创新实践的理论基础和行动指南。创新虽有大小、高低层次之分，但无领域、范围之限。只要能科学地掌握和运用创新思维的规律和方法，人人都能创新，事事都能创新，处处都能创新，时时都能创新。

创新思维的关键特点主要在于求新求异、与众不同、突破定式。

1. 求新求异、与众不同

创新并不神秘，创新可以很简单，创新的关键是需要自信，在看似平常的事物或现象中发现新的东西，找出不同的地方，寻求可以变革或革新的点。

求新求异、与众不同是区别创新者的基本思维方式。创新者往往会在别人看似不愿做、不敢做、不能做的事情上，偏偏就去做了，甚至常常会被普通人误认为是"脑子进水了"。例如，一般人，新买一部手机或一辆车或其他物件，往往当作宝贝一样爱惜，生怕把它弄坏；而与众不同或者"脑子进水"的人则只是当作一个工具或者玩具，经常会拆了装，装了再拆，总要把这个物件的结构弄清楚，把每一项功能以及为什么会有这种功能弄清楚。如图1-7所示，为闹钟的拆与装示意图。

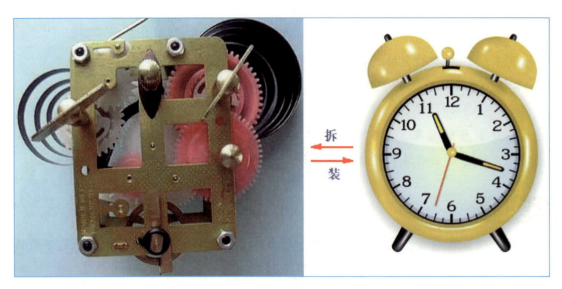

图 1-7 闹钟的拆与装示意图

2. 突破定式

思维定式也称"惯性思维",是指按照积累的思维活动经验、教训和已有的思维规律,在反复使用中所形成的比较稳定的、定型化了的思维路线、方式、程序、模式。

对思维定式的形成,起作用最大的是应试训练。应试训练的基本要求是对每一个问题都不能有错或偏或漏,否则就不能得分。长期接受应试训练很容易让人形成一种思维定式,误认为所有的问题都有且仅有一个标准答案,而不去考虑其他的可能性。然而,在现实和真理之间,这种只有唯一答案的情形是不常见的。

显然,思维定式会束缚人的潜能,约束人的创造性。

突破定式就是要突破惯性思维,跳出惯性来思考和解决问题。例如,下面这个问题,首先进行惯性铺垫,然后才提出问题。

"有一位聋哑人,到五金店买钉子。对售货员做了这样一个手势:左手食指立在柜台上,右手握拳做出敲击的样子。售货员见状,先给他拿来一把锤子,聋哑人摇摇头。于是,售货员明白了,他想买的是钉子。聋哑人买了钉子走了,接着来了一位盲人。这位盲人想要买一把剪刀,请问盲人将会怎样做?"

如果你能正确回答这个问题,说明你突破了提问者预先设置的陷阱。

突破思维定式,还要敢于质疑,敢于挑战权威。事实上,权威也是人,是人就难免会犯错误。历史上权威犯错误的事例也不少。例如,大发明家爱迪生就认为交流电很危险,不能用于家庭之中;核物理学家卢瑟福虽然非常清楚原子核内部蕴藏着巨大能量,但他却说"那些指望通过原子核衰变而获得能量的人,都是胡说八道";提出热力学第一定律的赫姆霍兹,曾经论证了机械装置要飞上天纯属"空想"。

要创新,就必须突破思维定式,对产生的问题或现象,除了按定式思考外,还要多注意进行逆向思考、侧向思考,以玩乐、轻松、休闲的心态,多角度或者多方式来考虑或考察。

探究活动

阅读

1. 被拴住的象

有一头象，小时候就被拴在一个小木桩上。刚开始，小象挣扎着想要扯断绳索，但无论怎么挣扎，都没有办法挣脱掉，一天又一天，小象都试图挣脱绳子，可经过几个月的努力还是没有挣脱掉。于是，小象放弃了，认为自己怎么也挣脱不掉，每天就乖乖地被拴在那个小木桩上。十年后，小象长成了大象，完全有力量挣脱束缚，可大象凭小时候无法挣脱绳索时的经验告知自己是挣脱不了的，因而它还是被小木桩拴着，如图1-8所示。

图1-8 被拴住的象

2. "毛毛虫"实验

实验基础：毛毛虫有一种"跟随"习性，总是盲目地跟随前面的毛毛虫走。

实验过程：将一些毛毛虫放在一个花盆的边缘，首尾相接，围成一圈，并在距离花盆边缘约20厘米的地方撒一些毛毛虫最爱吃的松针。毛毛虫开始一个跟一个，绕着花盆一圈又一圈地走，如图1-9所示。

图1-9 "毛毛虫"实验

实验结果：在六天的时间里，毛毛虫们一直坚韧不拔地团团转，没有任何一只毛毛虫与众不同，最终都因饥饿和筋疲力尽而死亡。

● 思考

习惯成自然，已经形成的观念最不容易改变，沿用累积的经验最难以冒险。象是这样，毛毛虫是这样，人是不是也这样？怎样才能突破思维定式、打破条条框框？各小组在小组内交流、讨论。

二、思维方法

培养和形成创新思维，不仅要明白创新原理，而且还要了解和熟悉创新方法，特别要熟悉发散思维、直觉思维、联想思维，学会转变思考方向，具有批判与包容的能力。

1. 发散思维

发散思维是指大脑在思维时呈现的一种扩散状态的思维模式，是体现创新思维、测定创造力的最主要的指标。

发散思维也称辐射思维、放射思维、扩散思维或求异思维，表现为思维视野广阔，思维呈现出多维发散状，经常进行"一题多解""一事多写""一物多用"等方式的训练，有利于培养发散思维能力。

发散思维的特点主要有：①变通性——不受思维定式的约束；②独特性——与众不同；③流畅性——遇到问题，立即思考对策，寻求解决问题的路径。

发散思维通常与集中思维联合使用。发散思维是从一点出发，向四面八方扩散展开，而集中思维则是对多种想法或方案进行归拢，寻求最佳方案，如图 1-10 所示。

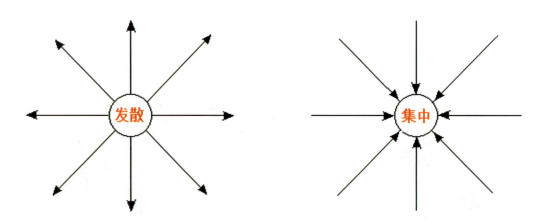

图 1-10 发散思维与集中思维

2. 直觉思维

直觉思维是指对一个问题未经逐步分析，仅依据内因的感知迅速地对问题答案做出判断、猜想、设想，或者在对疑难问题百思不得其解时，突然对问题有"灵感"和"顿悟"甚至对未来事物的结果有"预感""预言"等。

直觉思维往往是潜在意识发挥作用的结果。当人在面对问题一筹莫展、手足无措的时候，潜意识可能正在思考，当潜意识与显意识发生沟通时，"灵感"就出现了。例如，阿基米德解决王冠之谜的过程与结果就说明了直觉思维与潜意识的关系。

直觉思维是可以有意识地加以训练和培养的。

1）扎实功底是产生直觉的源泉

尽管直觉的获得具有偶然性，但绝不是无缘无故的凭空臆想，而是以扎实的知识、深厚的功底为基础。机遇总是留给有准备的大脑，如果没有事先的冥思苦想，没有积累的经验和见识，就不可能有突然的"顿悟"和"灵感"。例如，"苹果落地"对于一般人而言是极其平常的现象而不会去追问为什么，可大科学家牛顿面对砸到自己头上的苹果却能冥思苦想好几天，最后能够顿悟而产生灵感。

2）高屋建瓴是形成直觉的基础

直觉的产生往往基于对研究对象的整体把握，基于对事物、现象及问题进行高屋建瓴的认识。例如，对 $(a+b)^2 = a^2+2ab-b^2$ 的表述，即使没有学过完全平方公式，也可以运用对称的观点，迅速判断结论的真伪。

再如，我们扔出的石子，不论用多大的力气总是会落地。如果我们能够高屋建瓴地考察扔石子这一现象，就可能产生一些有趣的结论：人扔石子，给了石子力量，所以石子会在空中飞行一段距离才落地；人给的力量越大，石子飞行的距离就越远。如果通过动力发射石子，那么石子是不是像月亮一样能绕着地球飞行呢？如果通过更大的动力发射石子，那么石子是不是就会像行星一样会绕着太阳飞行呢？如果通过更更大的动力发射石子，那么石子是不是连太阳都不顾而逃出太阳系呢？

● 阅读

灵感钟爱有准备的头脑

起因：国王给金匠一块纯金打造王冠，虽然工匠做好的王冠重量与原来那块黄金相同，但国王还是怀疑工匠在打造王冠时掺了铜或银。于是，国王就让阿基米德去解答这个疑问。显然，解决问题的关键是王冠的体积是否与一块同样重量的纯金的体积相等。然而，由于王冠的形状非常复杂，根本无法用几何学的方法测算出它的体积。阿基米德面对王冠像着了魔一样，想尽了办法，却毫无结果。

灵感：阿基米德煞费苦心忙了好几天都不得要领，他就想让自己中断思考，休息一下。一天傍晚，他准备在家里泡个澡放松放松。当他一跨进澡桶，水面升高，站起来后，水面又下降了。这本是很平常的现象，可当时阿基米德一个激灵：桶里水面升高的体积不就是自己身体的体积吗？于是，他立即从澡桶里跳出来，跑到街上狂呼："我找到了！我发现了！"

● 思考

阿基米德是怎样解决王冠之谜的？你能设计一个实验来解决这个问题吗？

3. 联想思维

联想思维是一种由一事物的表象、语词、动作或特征联想到其他事物的表象、语词、动作或特征的思维活动。通俗地讲，就是人们常说的"由此及彼""由表及里""举一反三"等。其表现形式通常包括相似或接近或相关联想、类比联想、对比联想、因果联想等。

例如，钢盔就是从铁锅联想出的结果。第二次世界大战时的某一天，炮火连天，有一位正在烹饪的炊事兵急中生智，将一口铁锅扣在自己头上，结果他只受了点轻伤，而其他同伴却都被炸死了。这一事例让一名将军产生了联想：如果战场上人人都有一顶铁帽子，不就可以减少伤亡了吗？于是第一代钢盔就出现了。从铁锅到钢盔的联想，如图 1-11 所示。

图 1-11　从铁锅到钢盔的联想

● 阅读

思想实验

思想实验是指使用想象力进行的实验，所做的都是在现实中无法做到（或现实未做到）的实验。例如，在爱因斯坦和英费尔德合著的科普读物《物理之演进》中，就有一个实验要求读者想象一个平滑、无摩擦力的地面及球体进行实验，但这在现实中（或暂时）是做不到的。

思想实验需求的是想象力，而不是感官。

运用思想实验的方法，可以从现实中的小实验出发，扩展到思想实验，进而有可能形成创新成果。例如，人造地球卫星的形成原理就是从抛石子实验开始思考的。

1. 抛石子实验

将石子水平抛出，抛出的速度越快，石子飞行的距离就越远，如图 1-12 所示。

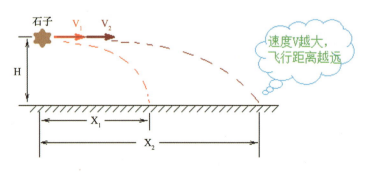

图 1-12　抛石子实验

2. 珠峰抛石思想实验

如果在珠穆朗玛峰以足够快的速度将石子水平抛出，石子的运动轨迹将会是怎样的？如图 1-13 所示。

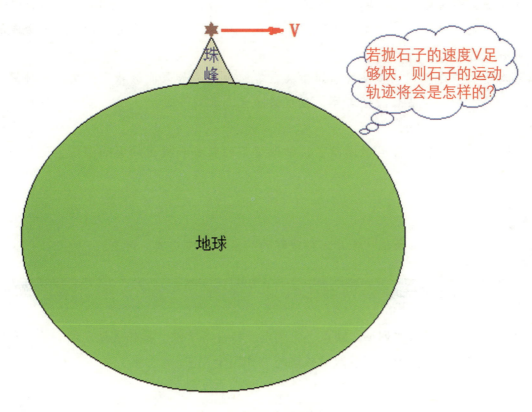

图 1-13　珠峰抛石子实验

（1）假如石子的运动速度快到一定程度，如 7.9 千米每秒，地球对石子的引力刚好可以维持石子绕地球做圆周运动，那么这颗石子就能成为一颗人造地球卫星。

（2）假如石子的运动速度快到 11.2 千米每秒，太阳系对石子的引力刚好可以维持石子绕太阳做圆周运动，那么这颗石子就能成为一颗人造行星。

（3）假如石子的运动速度大于 16.7 千米每秒，石子就能挣脱地球及太阳系的束缚，那么这颗石子就能直线逃出太阳系。

4. 批判与包容

批判性思维是指通过一定的标准评价事物的客观性，进而改善思维，形成自己独到见解的思维方式，属于反思性思维。

包容性思维强调应该努力寻找对方观点中的合理部分，就是为了帮助我们突破思维定式的局限，打开心智枷锁，以开放的心态接受不同意见，把不同意见中的合理部分吸收进来，有助于修改和完善自己的观点，使之更接近事物的本质与真相，做出正确的判断与预测。

在创新思维中，批判与包容总是结伴而行的。魏格纳提出的大陆漂移说就是批判与包容的结果。

创意呈现

● **拓展**

魏格纳的大陆漂移说

从世界地图上可以看出，南美洲东部巴西凸出，而非洲西海岸的几内亚湾却是凹进去的。

有人提出，也许非洲大陆和南美大陆原本连在一块儿，是后来才分开的。这不会是脑子进水了吧？简直是异想天开！

魏格纳对这种与众不同的提法既质疑，又包容。他想，如果能够找到证据，这种提法是很有价值的。于是，他四次去格陵兰考察，发现格陵兰岛相对于欧洲大陆一直都在漂移，每年漂移约1米。

尽管在他第四次考察格陵兰时遇险了，但他留下的数据和提出的大陆漂移学说却一直影响着世界。

● **思考**

对于"大胆质疑，小心求证"你是怎样理解的？在小组内交流、讨论。

三、创新技法

创新技法种类繁多，诸如列举（缺点、希望点、特性等）法、检核表法、组合法、分解法、移植法、仿生法等，这里简要介绍发散检核法与"和田十二法"。

1. 发散检核法

发散检核法，是指围绕具体主题或事物，朝着九个方向进行发散思考，进而提出创意的一种方法，如表1-2所示。

表1-2 发散检核法

序　号	检核项目	含　义
1	能否他用	现有事物除了公认的功能外，是否还有其他用途
2	能否借用	能否将其他事物中的原理、结构、方法、材料等方面移植过来，为我所为
3	能否改变	能否改变现有的形状、制作工艺、结构等，如将原来的方形改成圆形、直改弯、红色改蓝色、无味改有味等
4	能否扩大	现有事物能否扩大面积、声音、距离，能否延长时间、延伸长度、加高高度、增加数量等
5	能否缩小	现有事物能否缩小、缩短、减少、减轻、分解、折叠、卷曲、删减等

续表

序号	检核项目	含义
6	能否替代	现有事物能否用其他物品、材料、元件、结构等替代
7	能否调整	现有事物或事物某部分能否变换排列顺序、位置、型号、材料等
8	能否颠倒	现有事物能否从功能、结构、原理、里外、上下、左右、前后、横竖、因果等角度颠倒过来
9	能否组合	能否与其他事物按照原理、功能、材料等进行组合

2. 和田十二法

我国创新学者经过多年实践，直接提出了"和田十二法"，如表1-3所示。

表1-3 "和田十二法"基本内容

序号	方法名	描述
1	加一加	加高、加厚、加多、组合等
2	减一减	减轻、减少、省略等
3	扩一扩	放大、扩大、提高功效或功能等
4	变一变	变形状、颜色、气味、次序等
5	改一改	改缺点、改不便之处
6	缩一缩	压缩、缩小、微型化
7	联一联	原因和结果有何联系，把某些事物联系起来
8	学一学	模仿形状、结构、方法，采用新技术
9	代一代	用别的材料或方法代替
10	搬一搬	移作他用，例如将电视机移到车上成为车载电视
11	反一反	能否颠倒一下
12	定一定	制定一个界限、标准，例如节能、环保标准

"和田十二法"是对发散检核法的创新应用,简单、易记且实用。

● 阅读

创新与技术进步

技术总是积极地促进着创新,创新总在不断地丰富着技术。创新与技术密切相关,风扇的发明及其不断改进,不仅说明创新总是为了满足人们的需要,也说明了创新与技术的关系。

（1）蒲扇：用蒲叶做成,摇动时可以获得风,但体积偏大不易携带。

（2）折叠扇：像折叠的屏风一样,用扇骨与纸做成的可以折叠的扇子,轻便。

（3）电风扇：利用电力技术和螺旋桨技术,用电动机和三片扇叶,做成了固定的吊扇,可以移动的台式扇、落地扇。

（4）摇头扇：引入电子电路和调速技术,可以转变风力方向和调节风力大小。

（5）小风扇：用电池驱动的头戴式小风扇；充电宝驱动的便携小风扇。

（6）太阳能风扇：用太阳能发电的环保产品……

● 思考

你认为在风扇的发明及其不断改进的过程中,用到了哪些创新方法？在小组内讨论、交流。

● 项目实施

各小组根据项目选题及拟定的项目方案,结合本节所学知识,进一步修订、完善项目方案,按照项目进度实施相关活动。

第三节　创新技能训练

经常开展头脑风暴、默式激励、强制联想活动,能有效地训练创新技能,培养创新能力。

一、头脑风暴

"头脑风暴"是指一群人围绕一个特定的兴趣领域,同时进行无限制的自由思考而产生新观点的方式,有点"集思广益"的意思。头脑风暴是训练发散思维,造就创新技能的一种重要方式。

1. 灵感火花

俗话说："三个臭皮匠,顶个诸葛亮。"作为创客,我们既要善于从习以为常的事物或现象中发现新东西,也要善于从别人的言谈举止中获得启发,通过"头脑风暴",利用群体的力量,产生灵感火花。

"头脑风暴"的特色是参与者都可以进行无限制的自由思考和联想，这样，往往会出现许多异想天开、幻想、梦想以及超人之想之类的想法或意见，正是这种"异想天开""超人之想"，才能产生新的火花，形成新的灵感或奇思妙想，才会有"超人之举"。

2. "头脑风暴"的组织过程

在群体中开展"头脑风暴"，组织的方式方法决定着效益。高效的"头脑风暴"的组织过程，一般经历如下步骤。

（1）围绕主题，天马行空：在进行创意构思时，要给小组成员下达数量指标，比如每人写出围绕主题的10个以上想法（可以异想天开，而不必考虑质量或价值），有时，蠢主意就是好主意！

（2）交流心得，重心明确：表述简洁明快，避免一个个轮着说，注意观察有没有人接上茬儿，始终让大家保持踊跃表达的心境。

（3）及时分享，快速归类：用即时贴将大家的点子在白板上及时分享，同时把有类似想法的人迅速归到一起，并选出最有热情的组员，完善想法。

（4）排序创意，评价整理：对归类汇总好的点子，采取不记名投票的方式进行排序，以尽量避免受别人的影响，同时让所有的成员根据创意排序的价值、效益等，一一对各个点子填表评分，提交、整理最佳点子。对其他创意也要妥善保管，说不定过些时间再回头来看，发展这些创意的时机就可能合适了。

3. "头脑风暴"的实施方法

"头脑风暴"是创客群体常用的思维方式，经常进行"头脑风暴"训练，可以提高创新能力，形成良好的创新意识和创新技能。最常见的"头脑风暴"实施方法包括思维导图法、九宫格法、表格记录法。

1）思维导图法

思维导图是指运用图文并重的技巧，把各级主题的关系用相互隶属与相关的层级图表现出来，把主题关键词与图像、颜色等建立记忆链接的一种思维表达方式，是一种表达发散思维的有效图形思维工具。思维导图既可以采用手写、手画的方式，也可以在计算机或手机上使用思维导图软件，如图1-14所示。

运用思维导图不仅可以及时、有效地将所读、所见、所感、所想随时记录下来，而且可能在记录中产生新的联想、新的火花，从而形成新的创意。

作为创客，要注意对每一天的所读、所见、所感、所想以及在"头脑风暴"中产生的灵感火花，及时进行归纳、整理，并形成习惯，这样才能塑造出具有创新意识的人格，掌握创新技能，培养创新能力。

图 1-14 思维导图表达创意

2）九宫格法

九宫格法就是首先在一张纸中间画个九宫格，接着在中间写上主题词，然后在主题词周围的八个格子里填入想到的创意关键词。

九宫格法分为四面八方法和逐步思考法，如图1-15所示。

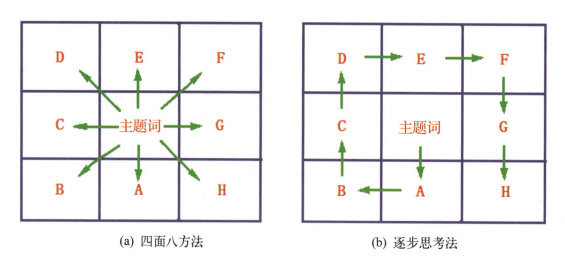

(a) 四面八方法　　　　　　　　　　　(b) 逐步思考法

图 1-15 九宫格法表达创意

3）表格记录法

在"头脑风暴"中，恰当利用表格记录创意，通过交流可以触发新的创意。

A. 设计或准备如表1-4所示的记录表,发到"头脑风暴"小组(3~6人)的每一个成员手中。

B. 组员用5分钟时间,围绕主题,在表中第一列写出最初的5个创意。

C. 小组长组织每位成员积极表达创意;在别人宣读最初创意时,在表中第二列将"与别人相同的创意"设置删除标记,同时,记录交流时所触发的新创意或对自己原先的创意、别人的创意,提出丰富或改进的设想。

D. 小组长组织组员对所有表格上呈现的创意或设想进行归类汇总,列出最能付诸实施的创意清单,并排出顺序。

表1-4 "头脑风暴"创意记录表

序号	最初的创意	与别人相同的创意	交流时触发的新创意
1			
2			
3			
4			
5			

探究活动

拓展

个体"头脑风暴"

"头脑风暴"一般是在群体中进行,也可以独自一个人进行,即开展个体"头脑风暴"。

个体"头脑风暴",是指对于同一问题,不仅要从本位思考,而且要多从异位上考虑。一般可从以下几方面进行思考。

(1) 中性思考,只关心客观的事实和数据,冷静、理性。
(2) 感性思考,提供情感方面的看法,火热、积极。
(3) 正向思考,从正面考虑问题,乐观、肯定,满怀希望。
(4) 反向思考,主要考虑事情为什么不能这样做,犹豫、否定。
(5) 出彩思考,着重于创造性和新观念,新奇、冒尖,生机勃勃。

实践

针对自己提出的某一创新问题,试从中性、感性、正向、反向、出彩五个方面,提出你的新看法或新的思考意见。

二、默式激励

中华民族长期受儒家文化的影响,讲内涵而不张扬,不喜欢咋咋呼呼地回答问题,特别是进入中学阶段,学生主动回答老师问题的积极性越来越低,因而采用默式激励法进行创新技能训练,可能比较有效。

1. 旋转默式激励法

旋转默式激励法与"头脑风暴"法类似,同样要遵守自由畅想、延迟评价、以量求质、综合集成的原则,只是交流的形式不是口头宣讲,而是默写式传递激励。

旋转默式激励法以小组方式组织进行,小组成员可以是3人以上6人以下,人数越多,通过相互激励产生的创意或点子就越多、越好。例如,3人组进行旋转默式激励,每次以5分钟为限写3个新点子,经过3次传递激励,每人有9个新点子,3人合计就有27个新点子;而6人组的旋转默式激励则经过6次传递激励后可产生108个新点子。6人组旋转默式激励法所用表格,如表1-5所示。

表1-5 默式激励法用表

成 员	创意1	创意2	创意3
组员1			
组员2			

续表

成　员	创意 1	创意 2	创意 3
组员 3			
组员 4			
组员 5			
组员 6			

（注：3 人组为 3 行，6 人组为 6 行）

2. 默式激励实施过程

以 6 人组为例，小组 6 人环形围坐，每人一张默式激励法用表。

（1）第 1 个 5 分钟，要求根据主题或要解决的问题，在自己的表中第 1 行写出 3 个创意或点子。

（2）第 2 个 5 分钟，每人将自己面前的表格纸顺时针（或逆时针）传递给邻座，然后阅读参考表中已有的点子，再在表中第 2 行写出 3 个新点子。

（3）第 3~6 个 5 分钟，重复上述过程（2），传递、阅读、参考表中已有的点子，再根据主题在表中续写新点子，直至表格填满。

（4）小组讨论、整理、归纳 6 张表格所填满的共 108 个点子或设想，找出可行的方案。

● 实践

以小组为单位，就某一问题或所选项目主题，运用旋转默式激励法开展活动，提出解决问题的设想或提出与主题相关的改进设想；整理、归类所有的设想，找出可行的设想。

三、强制联想

没有做不到的，只怕想不到。想可以通过强制联想进行。

1. 打开想象闸门

强制联想是一种强制运用联想思维，激发想象力，提高创造力，从而产生创意或点子的方法。

强制联想可以迫使人们将那些根本想不到的事物建立联系，从而出现思维的大跳跃，突破思维定式，产生更多新奇怪异的设想，而有价值的创造性设想就孕育在其中。

心理学研究表明，任何两个概念词语，都可以经过四五个步骤建立起联结关系。例如，高山与牛群，可以通过这样的联想过程建立联系：高山—大地，大地—草原，草原—放牧，放牧—牛群。再如，大海与绿茶：大海—蔚蓝，蔚蓝—绿色，绿色—绿茶……

运用强制联想进行思维训练，要注意创设宽松氛围，打开想象闸门，提倡海阔天空，反对墨守成规，由此及彼，发散无限。同时，还要注意谋求问题数量和产品或现有事物的改善。

2. 信息交合法

强制联想，可采用中国发明家许国泰总结的信息交合法，进行立体、动态、多维的系统联想。

通过信息交合的强制联想,对任何一种事物都能轻易地找出几十种甚至上百种不同的用途或改进方案。例如,对回形针进行强制联想,可以充分发散,以回形针的属性为横轴,以外部信息为纵轴,分别提出回形针的 10 个属性、10 个外部信息,就可以形成 10×10 个交合点,从而很容易地就能提出有关回形针的数十种用途或改善方案,如图 1-16 所示。

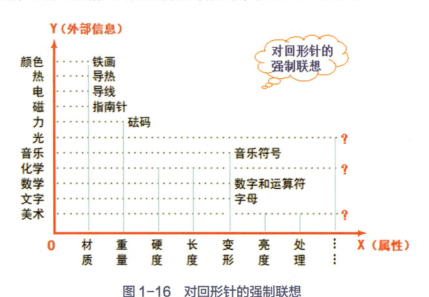

图 1-16　对回形针的强制联想

● 拓展

创新路线图

创新的过程包括创新聚焦、创意构思、创意排序和创意执行,其创新路线图如图 1-17 所示。

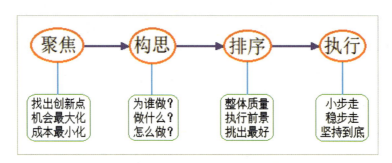

图 1-17　创新路线图

聚焦——至少提出 10 个想要或需要进行创新的问题,然后提炼出一个最重要的、最有价值的问题作为创新点,保证"机会最大化,成本最小化"。

构思——放开心态,运用"头脑风暴"、强制联想等方法,想出好创意,重点放在"为谁做""做什么""怎么做"上。

为谁做:你准备创新服务的对象是谁?对于你的创新产品,他们是否喜欢,他们能从中获得哪些好处?他们"购买"的标准是什么?

做什么:要对你所进行的创新有一个清晰的构图思路、明确的目标。

怎么做:阻碍创新的陈规和假设有哪些?应以广阔的视角来看待产品的价值链,一环一环地审查价值链，若是哪个环节没有价值或者低效，就删除或替换。

排序——对创意的整体质量和执行前景进行审视和评价，挑出最好的创意。

执行——只创新，不执行，等于零。但执行必须小步走，稳步走，尽量降低风险，消除恐惧，坚持到底，执行到底，形成成果。

● **思考**

想一想你准备在哪些方面进行创新。你所提出的10个创新问题，哪些是可以马上行动的？哪些是你现在所具有的知识技能所不能实现的？你能够实现和不能实现的创新问题，其比例是多大？在小组内交流、讨论。

● **项目实施**

各小组根据项目选题及拟定的项目方案，结合本节所学知识，进一步修订、完善项目方案，按照项目进度实施各项活动。

第四节　创新作品分享

分享是指与他人分着享受、使用、行使。

创客是一群热爱分享的人。作为学生创客，我们要学会挖掘我们所创作作品的特色，通过"说出""写出""呈现"等方式，与同学分享创意，交流经验，展示风采，养成分享的习惯，在分享中学习，在分享中提高。

一、作品审视

审视一个作品创作质量的高低往往从创意设计、内部结构、功能实现和外观美感几个方面来考虑，如图1-18所示。

（1）创意设计是指人们根据初始情境产生设想，构成主题，并围绕主题，利用现有条件想方设法实现设想的一种设计表达方式。

评价创客作品的质量关键就在于作品的创意，在于是否与众不同，是否有新意，是否能给人耳目一新、有所启迪的感觉。

由于人的社会性、民族性，因此作品设计中所反映的人文情怀也是一个关注点，如重视亲情、族情、乡情，热爱家乡，爱好和平，关爱他人，知足感恩，尊重自然，敬畏生命等。

（2）内部结构是指组成作品的各部分的搭配和安排。

不论是实体作品还是虚拟作品，都存在着内部结构，审视作品内部结构就是看作品内部各部分的搭配和安排是否合理、是否有序。

例如，将一个故事展现给读者或听众，会涉及叙事的结构，包括正叙、倒叙、插叙等；写一篇文章，会涉及论文的结构，包括论点、论据、论证等；而研究报告的结构包括研究的对象和方法、研究的内容和假设、研究的步骤及过程以及研究结果的分析与讨论。不论是故事还是论文或研究报告，内容的逻辑性、条理性是整个作品思路逻辑性的反映。

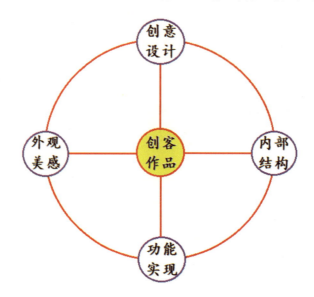

图1-18　创客作品审视四要素

再如，一个简单的机器人作品，会涉及机械传动结构，包括转动、移动、平衡等，也会涉及系统运行结构，包括输入、控制、输出等。因而，对作品内部各部分的搭配和安排，不仅要充分考虑到各类元器件（包括电源、主板、各类传感器、执行器等）的形状和功能，合理地安排位置和布线，而且还要注意考虑如何将这些材料和构件通过胶粘、螺丝固定等方法的有机结合实现作品的稳定和平衡。

（3）功能实现是指按照设计意图和项目规划，运用软件技术或手段，包括编程技术、多媒体表现技术等，以实现创意作品的各种功能，包括服务、观赏、陶冶、教育等功能。

例如，文学作品具有潜移默化、塑造灵魂的教育功能，艺术作品就有陶冶情操、提升境界的观赏功能，一般的实体作品都有协助人们解决问题的服务功能。

（4）外观美感是指人们观赏作品外观而激发的一种情感或感觉，外观美感是人的一种心理现象，是人对作品外观的主观感受、欣赏和评价。

创意项目以作品的形式展现出来，不论是文学、艺术等虚拟作品，还是科学技术等实体作品，都必然呈现一种外观样貌，而外观样貌的构建自然要考虑究竟用什么材料、什么工具、什么方法，才能使作品更具美感。例如，对于实体作品，利用先进的激光雕刻和3D打印技术，可能使得作品看起来外观更加精美，结构新颖，充满创意。

探究活动

案例

八音自动打击琴

有同学利用舵机和Arduino开发板等元器件，自行设计制作了一个简易的八音自动打击琴，如图 1-19 所示。

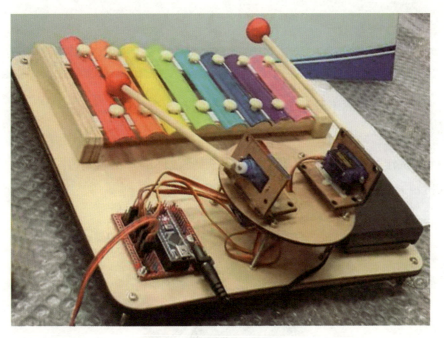

图 1-19　八音自动打击琴

● 讨论

试根据"创客作品审视四要素"对作品"八音自动打击琴"进行评价，并将你的看法在小组内交流讨论。

二、作品特色

对于辛勤劳作的创新成果或创客作品，要注意充分挖掘其闪光点。

1. 特色发掘

创新作品总有它与众不同、富于特色的地方，这就是作品的闪光点、创新点。我们就是要抓住作品的闪光点、创新点，充分发掘作品特色，而不能总在那些模仿的功能上津津乐道，不得要领。

怎样发掘作品特色呢？首先，你要回顾、审视当初的想法，是模仿还是创新，这其中有哪些与众不同之处？是什么理由让你能够把想法执行下去？其次，你要审视在作品创作过程中做了哪些精妙的改进，以及最终作品在实用性、艺术性等方面有哪些体现？

2. 引人注目

评价一个创客作品的好坏，往往从创新性、合理性、实用性、技术性、艺术性、发展性等方面来综合衡量。

但分享创客作品不能在这几个方面平均使力，不太适宜采取平铺直叙的方式，而应该在"引人注目"上下功夫，在最有特色的地方进行渲染，要有耳目一新、给人启迪的作用。如果你呈现的作品新颖、别致，能给人留下深刻的印象，而不是让人感觉千篇一律，那你的作品特色就发掘到位、分享到位了。

三、展示表达

展示作品，分享创意，离不开语言和媒体工具的有效表达。

1. 演讲技巧

演讲是进行创新作品分享的常见方式，如果想要让你的作品能够引人注意，除了作品本身的特色外，演讲技巧也是一个关键因素，如图1-20所示。

图1-20　演讲技巧

演讲最基本的技巧包括以下几方面。

（1）思路要清晰，演讲要流畅，尽量脱稿，或者少看幻灯片。

（2）表情、形态自然，给人自信的感觉，而不是畏畏缩缩。

（3）声音要洪亮、沉稳，抑扬顿挫，不能声嘶力竭。

（4）速度要稍微慢点，表达清晰，但也不能让人昏昏欲睡。

（5）演讲有故事感、仪式感，尽量能与观众产生共鸣。

2. 身体语言

身体语言是指非词语性的身体符号，包括目光与面部表情、身体运动与触摸、姿势与外貌、手势与身体间的空间距离等。

我们在分享创意或与人交流沟通时，除了使用精准的文字和口头语言外，适度、正确、合理地使用身体语言也能够促进我们的意图或真实想法的有效表达。而不当的身体语言则会适得其反，例如，站立时双腿频繁地换来换去，或用脚在地上不停地画弧线，会给人以浮躁不安、极不耐烦的感觉；眼神发虚或东瞟西望，会使人产生一种不踏实的感觉。

3. 媒体呈现

作品展示和创意分享，借助于多媒体或数字化学习工具来呈现，效果更好。作品展示和创意分享的呈现方式可以采用网络文档（如 WPS 在线文档）、演示文稿、主题动画、微视频或微电影等。

不论采用何种呈现方式，都要注意主题鲜明，重点突出，创意或创新点表达到位，作品呈现全面，有引言，有过程描述，有小结。

拓展

七种典型的演讲手势

（1）辩证法手势：右手适度挥动旋转。通常用在从一件事转移到另一件事时。

（2）临界涡动：右手微旋加速和重复。通常用于思路停顿，直到思路重新打开。

（3）反手拍击：右手背从上往下拍击左手掌。当演讲的关键点似乎没有引起对象反应的时候用以增强它。

（4）微小辩证法手势：右手拇指、食指微旋。通常用于表现小细节。

（5）指向：右手虚握拳，伸出食指挥动指向前方。通常用于引导大家的注意力转移到某一个事物或者人上的时候。

（6）扫货架：双手掌向下做扫货状。通常用于说明层次结构。

（7）捡起小点子：右手五指并拢，由下向上翻转，就像捡起了一个小点子。

思考

反思自己，你具有创客的哪些素养？还应在哪些方面进行培养和训练？在小组中讨论、交流。

项目实施

各小组根据项目选题及拟定的项目方案，结合本章所学内容，进一步完善该项目方案中各项学习活动，并参照项目范例的样式，撰写相应的项目研究报告或学习报告。

成果交流

（1）各小组运用数字可视化工具，将所完成的项目成果，在小组和全班中或在网络上进行展示与交流。

（2）根据别人的意见和建议，进一步优化方案，迭代改进，完善作品。

活动评价

各小组根据项目选题、拟定的项目方案、实施情况以及所形成的项目成果，根据本书附录的"项目活动评价表"，开展项目学习活动评价。

本章扼要回顾

同学们通过本章的学习，根据"创客通识"的知识结构图，扼要回顾，总结、归纳学过的内容，建立自己的知识结构体系。

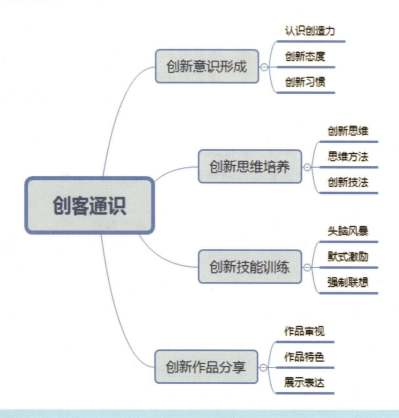

回顾与总结

第二章
畅想创作

　　畅想创作，是指源于对文学、艺术、科学等方面的广泛畅想，运用多媒体技术（动画、流媒体、微视频、微电影等）与数字化学习工具创作的作品，如研究报告、新闻采访、科幻故事、3D 科幻设计等。

　　本章以畅想创作为主题，以"移民月球"项目为范例，通过自主/协作的探究学习，引导和促进同学们融合文学、艺术、工程等方面的知识和技能，用自己头脑里的创意创作出多媒体文艺作品或科幻作品。让同学们在项目学习过程中经历创意形成、规划设计、探究实施与成果呈现等步骤，体验畅想创作全过程，学会设计、探究和实施技能，并能据此将其应用到文艺作品、科幻作品的想象创作中去。

第一节　创意形成
第二节　规划设计
第三节　探究实施
第四节　成果呈现

创意呈现

项目范例：移民月球

● 情境

现在，地球人类可谓内外交困：一是地球人口过剩而环境日趋恶化，物种大规模加速消亡，核战争的阴影挥之不去；二是地球外巨大的小行星随时都有可能毁灭地球上的生命。面对如此险情，如果人们还不考虑向宇宙空间移民，那么地球人类的灭亡就只是时间问题。然而，宇宙空间何处适合地球人居住？怎样移民到这样的地方去呢？

● 主题

移民月球。

● 规划

根据项目范例的主题，在小组中组织讨论，制订项目学习规划，例如：
1. 月球是一个怎样的星球？
2. 怎样移民月球？
3. 地球人如何适应月球生活？

● 探究

根据项目学习规划的安排，通过调查和案例分析，文献阅读或网上搜索资料，开展"移民月球"项目学习探究活动，如表2-1所示。

表 2-1 "移民月球"项目学习探究活动

探究活动	学习内容	知识技能
创意形成	真实情境，头脑风暴	学习根据真实情境开展头脑风暴活动
	整合思维，形成主题	学会整合、归纳，形成鲜明主题
规划设计	分工合作，方案设计	集思广益，合理分工，设计方案
	交流讨论，优化方案	民主讨论，迭代改进，修改方案
探究实践	探究学习，补充知识	自主/探究/合作学习，补充所缺知识和技能
	技术运用，媒体融合	学会将多媒体技术融合到作品创作中
成果呈现	合成作品，展示发布	学会用多媒体技术合成、展示、发布作品
	分享交流，迭代优化	学会分享、交流，迭代改进，优化作品

● **实施**

实施项目学习各项探究活动，补充所缺知识、技能，完成项目作品。

● **成果**

在小组开展项目范例学习过程中，梳理小组成员在学习活动中的观点，建立观点结构图，运用多媒体创作工具（如演示文稿、在线编辑工具等），综合加工和表达，形成可视化学习成果（如移民月球研究报告），并通过各种分享平台发布。

● **评价**

根据本书附录的"项目活动评价表"对项目范例的学习过程和学习成果，在小组和全班中，或在网络上开展交流，进行自评和互评。

● **项目选题**

请同学们以3~6人组成一个小组，选择下面一个参考主题，或者自拟一个自己感兴趣的主题，创作畅想作品。

1. 改善环境，保护地球。（营造一个适宜人类生存的地球环境）
2. 拓展空间，考察火星。（向其他星球移民，降低地球人口密度）
3. 适应变化，研发装备。（研发适应环境变化的新装备或设备）

● **项目规划**

各小组根据本组的项目选题，参照项目范例的样式，利用思维导图工具，制定相应的项目方案。

● **方案交流**

各小组将完成的方案在全班中进行展示交流，师生共同探讨、完善相应的项目方案。

第一节　创意形成

创意源于真实情境，通过对真实情境的考察、分析、归纳，提取主题，形成可以实施的创意项目。

一、真实情境，头脑风暴

1. 真实情境

真实情境是指在一定时间内各种情况的相对的或结合的境况，包括戏剧情境、规定情境、教学情境、社会情境、学习情境、生活情境等。

创新始于生活，始于解决个人问题的寻求。创新的开始就是要从真实情境中思考，从现实生活中提炼真实问题。例如，"移民月球"就是因为"地球污染越来越严重""人口过剩""资源消耗越来越快"等真实情境，让人们不得不考虑人类该向何处去的问题。

2. 头脑风暴

头脑风暴是一种不受限制的思维活动。通过头脑风暴，面向真实问题，可以涌现出各种各样的想法或创意。例如，面对"人类该向何处去"的问题，是移民遥远的火星、土卫六，还是登陆临近的月球，或是想其他办法改造地球，或是改造地球人自身，自然会不断地出现各种杂乱无章的想法。

二、整合思维，形成主题

1. 整合思维

对于杂乱无章的想法，要从"机会最大化，成本最小化"的角度整合思维，归纳、提炼出比较重要的、有价值的想法作为创新点，并尽量对这些想法进行清晰的构图描绘。如图 2-1 所示为"移民月球"的思维导图。

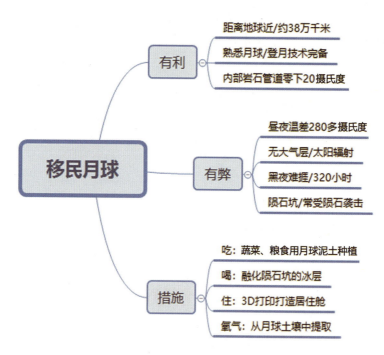

图 2-1 "移民月球"的思维导图

2. 形成主题

最后要对这些想法或创意的整体质量和执行前景进行审视、评价、筛选，考虑哪些是通过自身能力可以实施的，或者通过补充相应的知识，掌握相关的技能，有能力"跳一跳就可以摘到桃子"，尽量排除那些力所不能及或近期还不能实现的想法，从中选出最佳创意，确定明确的主题。

探究活动

拓展

月球畅想

事实1：月球上极地火山口地面存在大量水冰，科学家们认为这些"冷阱"中的水冰状态稳定，而且能够被开采。

事实2：尽管月球表面温度很高，昼夜温差达280多摄氏度，人类无法在其表面生存，但月球上有很多天窗，通过这些天窗可以进入一个与月球表面完全不同的环境——月球内的岩石管道，这可能是建立未来月球居住区的好地方，如图2-2所示。

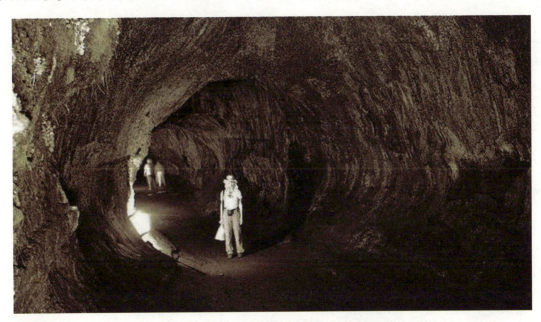

图2-2 月球内的岩石管道

幻想：在月球上发现可供人们使用的可燃性矿物质，其功能是煤炭等矿物质功能的13.25倍。

预言：月球上应该存在大量宝藏，能够解决人类移民月球的生活所需，只是现在还没有勘探到，或者现有的设备还发现不了。就像当年俄罗斯一样，对阿拉斯加这块宝地并不了解，误认为它只是一片荒凉之地，而以每平方公里不足5美元的超低价格卖给了美国。

第二节 规划设计

创新必须有条理地进行，要规划，要设计，要不断优化方案。

一、分工协作，方案设计

小组分工、合作，围绕主题进行方案设计。

创意呈现

1. 分工合作

一个项目的完成,单靠一个人的力量是难以进行的,必须依靠小组所有成员的努力,各尽所能,各显神通,有效合作。例如,"移民月球"是一项浩大的工程,需要小组成员充当不同的角色,如勘探资源工程师,建造工程师,生活保障工程师,植物实验、动物实验科学家,整合作家、艺术家等。

2. 方案设计

方案设计是指以小组为单位,围绕本组自定主题,对项目提出详细的规划,制定实施策略和方案,画出设计草图,提出预设功能或目标,并按各自的特长分工协作,计划项目进度。

围绕主题进行的项目规划书样板,如表2-2所示。

表2-2 项目规划书

项目名称	移民月球	
项目描述	项目背景:地球污染越来越严重、人口过剩、资源消耗越来越快…… 情景创意:月宫,嫦娥居住的地方,向月球移民 要解决的问题:吃:蔬菜粮食用月球泥土种植;喝:通过融化陨石坑的冰层获取;住:通过3D打印打造居住舱;氧气:从月球土壤中提取	
合作与分工	项目负责人:××× 成员及其分工:×××(勘探资源工程师),×××(建造工程师),×××(生活保障工程师),×××(植物实验科学家),×××(动物实验科学家),×××(整合作家),×××(整合艺术家)	
项目进度管理	项目选题与创意策划阶段:3~5天 项目方案设计阶段:3~5天 项目实验与探究阶段:2个月 项目实施与实现阶段:2个月	
实现方案	设计草图	创作蓝图
	地月传送通道或装置 月球温室大棚 防护衣、防辐射圈 有机能量丸(食品)	序幕 计划与方案 主要探究经历 项目实施过程与结论
资源准备清单	勘探工具、实验工具、创作工具列表 实验室设备与材料清单 实验原料、建造与防护材料等	

● 实践

结合自定项目主题,参照表2-2模板,制订本组的项目规划。

二、交流讨论,优化方案

最初提出的方案,可能并不完善,在项目学习中,要学习交流、讨论、分析,不断改进、优化方案。

1. 交流讨论

小组成员要认真讨论，充分交流。主要讨论方案的可行性、适用性、科学性，分析错误，找出不妥或不足的地方。

2. 优化方案

在小组内充分交流、讨论、分析的基础上，再在班内或更大范围内进行交流、展示，迭代修改、完善，形成可以真正实施的项目优化方案。

● 拓展

月面长出第一株国产嫩芽

据报道，嫦娥四号上搭载的生物科普试验载荷发出的试验照片，显示试验搭载的棉花种子长出嫩芽，这株植物嫩芽后续还将继续生长，如图 2-3 所示。这标志着嫦娥四号不仅完成了人类在月面进行的首次生物试验，而且表明人类有望在月球上种植植物，解决人类移民月球有关吃的问题。

图 2-3 嫦娥四号搭载的棉花种子长出嫩芽

● 思考

你认为人类能够在月球上种植粮食作物吗？在小组内交流、讨论。

● 项目实施

各小组根据项目选题及拟定的项目方案，结合本节所学知识，进一步修订、完善项目方案，按照项目进度实施各项活动。

第三节 探究实施

在项目实施的过程中,必然会遇到各种各样的问题,包括知识问题、技能问题、心理问题,这就需要不断地补充知识,增进技能,坚定不移地朝着项目目标的方向往前走。

一、探究学习,补充知识

探究学习的目的就是通过不断的探究和合作学习,补充新的知识和技能,提高项目实施能力,如图 2-4 所示。

1. 探究学习

面对真实项目,可能有许多问题用同学们已经掌握的知识、技能并不能解决,因此,需要通过各种探究活动去获得新的知识技能。这些新的知识或者解决问题的信息,去哪里获得?如何获得?获得的方式或手段有哪些?

探究学习的方式一般包括观察、思考、交流、分析、讨论、阅读、拓展、调查、实验、实践、体验等。

2. 补充知识技能

知识:新的、有助于解决问题的知识,有助于项目实施的知识。

技能或工具与方法:模仿创作范例,从模仿中习得;运用创作工具,学会创作方法,提高创作技能,使创作能够顺利进行。

项目实施与探究学习是相互依存、彼此交替的两个环节。在活动探究中有创作,如对某一个项目的预实验、预体验、预创作等;在项目实施中有探究,如改进或优化某一个小项目,可能需要先探究学习新的知识和技能才能进行。

图 2-4 探究学习,提高能力

二、技术运用，媒体融合

作品创作表现的形式很多，运用多媒体技术能更直观、形象地表达作品的思想。

1. 技术应用

运用多媒体技术表现作品，最常用到图片处理、动画设计、3D创作、视音频、流媒体技术等。

1）图片处理

在想象创作过程中，我们头脑里所想象的东西往往在现实中并不存在，为了表现创意，可以利用图片处理的方式，将风马牛不相及的事物串在一起或叠在一起，以便尽量达成想象的效果。例如，可以将一幅少女图片和一幅蝴蝶图片，合成为我们畅想的"地月天使"，如图 2-5 所示。

 +  =

图 2-5　少女 + 蝴蝶 = 地月天使

● 探究活动

● 拓展

1. 图层知识

通俗地讲，图层就是指一层层的图片。在 Photoshop 图像编辑中，图层占有重要的地位，它就像透明的玻璃薄片一样，可以一层层地往上叠加，可以在每个图层上绘制和编辑对象，而不会影响其他图层上的对象，我们还可以将各个图层通过一定的模式混合到一起，从而得到千变万化的效果。如果一个图层上没有内容，那么就可以透过它看到下面的图层。

2. 图层的操作

（1）添加图层：在一幅图像上，可以通过复制的方式，也可以通过移动选区的方式，还可以通过新建的方式添加图层。

（2）其他操作：在图层面板上我们能进行图层的顺序调换、图层的效果处理、图层的新建和删除等一系列操作，如图 2-6 所示。

3. 图层的应用

试选择两幅互不相干的照片或图片，应用图层知识和抠图技术，将两幅图中的主体组合成一幅有创意的图片。

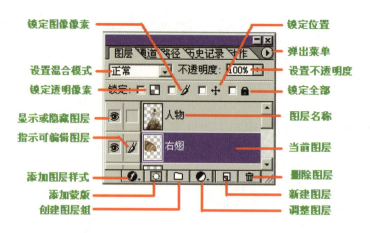

图 2-6　图层操作

● 思考

你能利用图片处理技术创作出你畅想的事物吗？

2）3D 设计

运用 3D 技术，可以使作品表现得更直观、形象。

以往，三维建模对大部分人来说是遥远而高不可攀的。现在，伴随 3D 打印热潮的兴起，各种三维建模软件层出不穷，三维建模也变得相对简单。

常见的 3D 设计工具有 3D One、SketchUp、123D 系列软件、TinkerCAD、Smoothie 3D 等，利用这些 3D 建模软件，我们可以很快地将头脑里的想法表现为 3D 模型，并且还能借助 3D 打印机或激光切割机变成实物模型。例如，我们可以利用 3D One 或 SketchUp，想象建造一座缥缈的月宫，如图 2-7 所示。

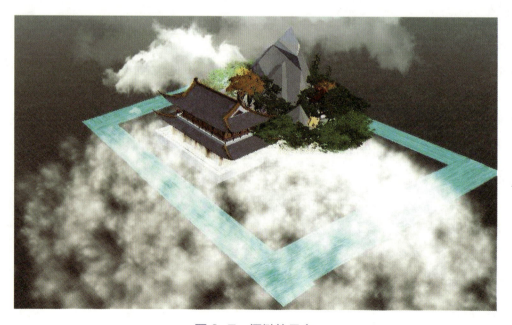

图 2-7　缥缈的月宫

- 实践

视音频技术是指将一系列静态影像和音符以电信号或数字信号的方式加以捕捉、记录、处理、储存、传送与重现的技术，利用视音频技术来采编、创作作品，可以增强作品的真实感、现场感。你能利用视音频技术采编、创作出你畅想的故事吗？在小组内交流、讨论。

2. 媒体融合

媒体融合是指将不同的媒介形态"融合"在一起，呈现多功能一体化的趋势，形成一种新的媒介形态或整合创作工具，如电子杂志、博客新闻、微信公众号等新媒体，以及在线协作、演示文稿、微视频、主题动画等数字化创作平台。

1）在线协作

在线协作是指在网络或云环境下，围绕目标的实施和实现，部门与部门之间、个人与个人之间的协调与配合。目前的在线协作主要体现在多人在线编辑文档方面，常见的在线协作平台有"写得""云文档""协作文档""一起写"等。

例如，"移民月球"的项目研究报告，可以用"写得"在线呈现，便于项目组成员在线阅读和编辑，如图 2-8 所示。

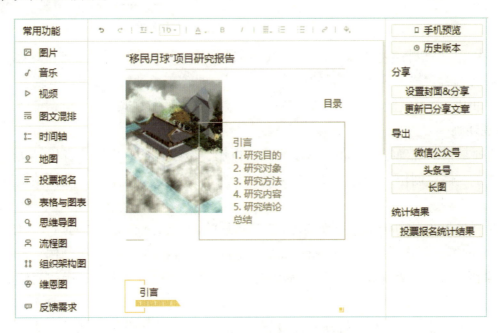

图 2-8　用"写得"呈现项目研究报告

2）微视频

微视频，也称微课，是指通过 PC、手机、摄像头、DV、DC（Detective Comics 侦探漫画）、MP4 等设备，围绕某一主题，摄录、编辑、集成、上传到互联网，进而能被人们方便点播或自由分享的短视频或短影片，时长一般在 30 秒至 20 分钟之间，内容广泛，形态多样，具有"短、快、精"、大众参与性、随时随地随意性的特点，如图 2-9 所示。

图 2-9 "短、快、精"的微视频、微电影

利用微视频，可以将某些枯燥乏味的知识、技能类的内容，表现得更具有直观性、娱乐性、观赏性。例如，围绕"移民月球"项目的有关登月通道、月球养殖种植、月球环境改造、工程建设、生存适应等知识，就可以摄制成一系列直观、有趣、可观赏的微视频。

3）主题动画

主题动画是指围绕确定的主题，运用绘画、电影、数字媒体、摄影、音乐、文学等众多艺术表现形式于一体，创作出来的具有生命运动的影像艺术。其技术规范为逐帧拍摄制作，连续播放而形成活动影像。

主题动画的制作软件有很多，如制作二维动画的 Flash、Animo、Retas Pro、USAnimation 以及 Photoshop 等，制作三维动画的 3ds Max、Maya、LightWave 等；在线创作平台也不少，如 Focusky、来画视频等，其中动画演示大师 Focusky 就是一个免费、高效、操作简便的在线动画制作平台。

例如，"移民月球"的登月行动可以设想：在地球上某处架设一条抵达月球的星空通道，出入口分别设在地球和月球上，方便人们在地、月之间通行。用 Focusky 动画平台可以快捷、方便地表现、制作出"登月行动"的主题动画，如图 2-10～图 2-12 所示。

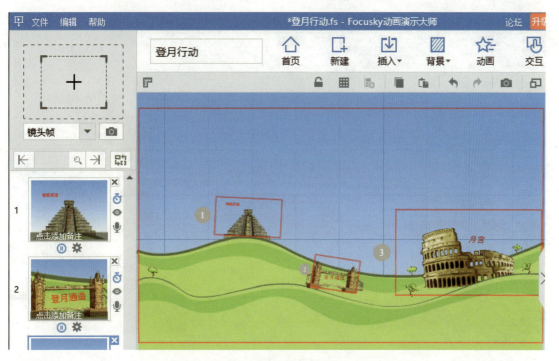

图 2-10 "登月行动"动画设计

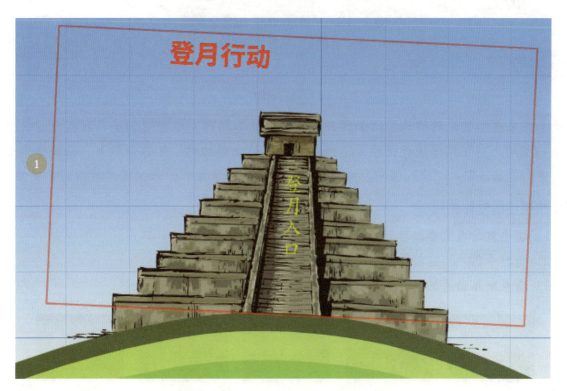

图 2-11 "登月行动"的地球入口

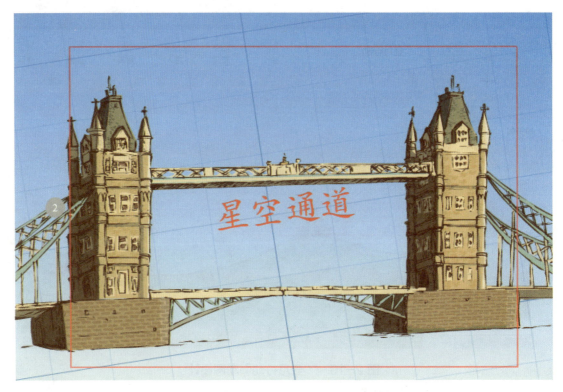

图 2-12 "登月行动"的星空通道

● 实践

拍摄制作 GIF 动画

对于某些连续变化的动作，比如跳跃、舞蹈等精彩动作，尽管使用手机拍摄微信视频也能够反映一些动态变化，但这种视频并不能获得细微的分解动作，且容量较大，在微信中会耗费较大流量。这里我们以"渔人撒网"为例，通过简单的几步操作，来拍摄、制作 GIF 动画。

1. 拍摄连续动作照片

（1）将手机对准需要拍摄的对象，调好焦距，确定好范围与大小。

（2）稳控手机，按住拍摄按钮不放，直到动作被拍摄完为止。

（3）检查所拍动作的照片张数，初步浏览其动作，如图 2-13 所示。

图 2-13 拍摄连续动作

2. 制作 GIF 动画

可用 Flash，也可以用 PS 或其他工具制作动画，这里选用 PS（Adobe Photoshop CS6 13.0.1 x64 版）制作 GIF 动画。

（1）在计算机中打开 Photoshop，在窗口菜单中勾选"时间轴"。

（2）点击"时间轴"右侧的"+"键，向轨道添加媒体图片——从手机文件夹中找到所拍摄的动作照片添加进来，如图 2-14 所示。

图 2-14　向轨道添加媒体图片

（3）点击"音轨"下面的"转换为帧动画"按钮，进入帧动画设置页面，将帧动画设置为合适的时间，一般每幅画面的停留时间可设置 0.1 秒或 0.2 秒（视觉暂留 0.1 秒），如图 2-15 所示。

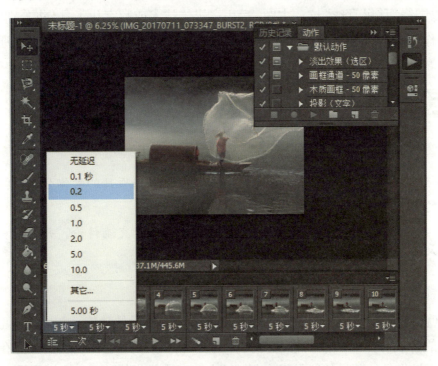

图 2-15　设置帧动画时间

（4）设置画面大小，点击"图像"→"图像大小"，进入图像大小设置对话框，设置动画的合适宽度和高度（一般设置为 400 像素 ×300 像素即可，像素越高，容量越大）。

（5）点击"文件"→"存储为 Web 所用格式"，将制作好的动画存储到合适的位置（如手机文件夹或计算机桌面中）。

● 项目实施

各小组根据项目选题及拟定的项目方案，结合本节所学知识，进一步修订、完善项目方案，按照项目进度实施各项活动。

第四节　成果呈现

项目成果是项目实施、分享交流并不断迭代优化的结果。

一、合成作品，检视功能

项目实施包括合成作品、检视作品的功能。

1. 合成作品

合成作品，就是根据项目主题，应用多媒体技术或数字化工具等手段，实施项目规划、创作、合成项目作品。

例如，可以围绕"移民月球"这一主题，运用多媒体技术或数字化工具，将分别创作出来的"移民月球在线协作方案""移民月球多媒体科幻故事""登月行动——架设星空通道""月球安居工程建设"等小项目成果，组合形成"移民月球"项目的研究报告。

● 探究活动

● 实践

（1）各小组成员围绕项目选题及拟定的项目方案，根据项目的具体分工，按照项目进度完成自己所负责的小项目任务或小项目作品。

（2）以小组为单位，对小组成员的小项目完成情况进行交流讨论，并运用多媒体技术和数字化工具，整合、完成大项目任务。

2. 检视功能

检视功能就是检视项目作品是否达到了预设的目标或预设的功能。

项目作品的合成与作品功能的检视是交替进行的，往往是边合成边检视。在作品合成中，总会不断地检视该作品的预设功能是否全部达成，还有哪些未能达成，如何达成。在功能检视中，也总会考虑如何合成，如何在合成中充分体现或反映项目的功能。

例如,"月球安居工程建设"是否达到预期安居目标,如表2-3所示。

表2-3 "月球安居工程建设"预期目标达标情况

预期目标或功能	简略图示	是否达成
1. 着装轻便,美观防护:运用先进的科学技术,设计既能防辐射又能保暖的轻便服装,就如同那种双层真空玻璃一样,薄如蝉翼,穿着富有美感,能自动调温、防辐射、防撞击等,包括衣帽、头套、手套、鞋袜等	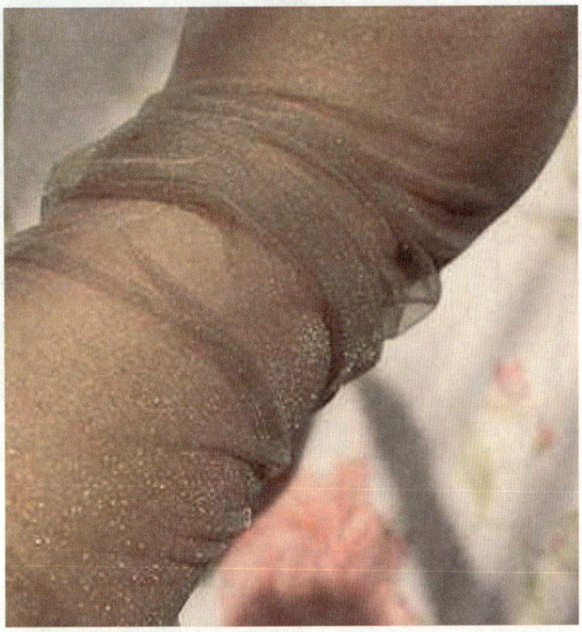	
2. 食品卫生,健康无害:利用月球上的泥土,建立温室大棚,养殖花卉,种植水果、蔬菜,建立卫生、健康无害的食品基地		

创意呈现

续表

预期目标或功能	简略图示	是否达成
3. 人有所居，环境优美：利用月球内的岩石管道建造适合人们居住的恒温住所，或者利用先进的科学技术建造类似于温室大棚的住建屋，如月宫、月球别墅等		
4. 行动自由，交通便利：利用先进的科学技术，建设月球轨道交通，或者设计制造简易、轻便型的飞行装置，以方便人们在月地或月球上空自由行动		
5. 其他项目	在地球上土生土长的人，登上月球后吃什么、喝什么、呼吸什么？能适应多久、生存多久？	

二、分享交流，迭代优化

1. 分享交流

项目作品可以通过"成果展示"的方式与大家分享。

同学们以小组为单位，运用数字可视化工具，将所完成的项目成果，在小组和全班中，或在网络上进行展示与交流，在分享、交流中获得启发。

● 实践

为何要进行知识分享？

创客是那些善于创新、乐于分享的人，在创新中分享，在分享中创新。

有学者研究发现，学习的最高标准是会教，懂分享，如图2-16所示。

图 2-16　学习金字塔

我们为什么要进行知识分享，将自己探究的成果传播给别人呢？

主要是因为在知识成果从一部分人传播给另外一部分人的过程中，必然存在着互动反馈，分享者或传播者能够通过反馈或反省，不断强化和更新自己的知识体系，最重要的是实现了自身知识的价值，包括以下几方面。

（1）获得内心满足感。你通过帮助他人或贡献知识，能够获得他人的尊重，从而获得心理上的满足。

（2）更具自信和责任感。你能够为他人提供知识，具备给他人当小老师的能力，就会油然而生一种责任感，并更有学习的自信心。当你看到有小伙伴在某个领域深受困扰时，你会主动地贡献这些知识，来解决或纠正他们的疑惑或误解。

（3）提升自身素养和能力。从图2-16所示的"学习金字塔"可见，学习的方式分为被动学习和主动学习。被动学习就是听讲、阅读、观看，而主动学习包括小组讨论、实践练习、给他人讲解，其中最有效率的学习就是给他人讲解。

（4）建立品牌，结交高质量朋友圈。知识分享有利于提升自身素养和能力。建立良好的、诚信的知识分享形象，也有利于帮你结识到高质量的朋友，形成互惠互学的朋友圈。

2. 迭代优化

迭代是指重复反馈过程的活动，每一次的重复活动称为一次"迭代"，上一次迭代得到的结果会作为下一次迭代的初始值。迭代的目的是逼近所需目标或结果。

在项目学习过程中，就是要通过不断的分享、交流、评价，迭代改进，优化作品，不断完善项目成果。

● 项目实施

各小组根据项目选题及拟定的项目方案，结合本章所学内容，进一步完善该项目方案中各项学习活动，并参照项目范例，完成项目作品，撰写相应的项目研究报告或学习报告。

● 成果交流

（1）各小组运用数字可视化工具，将所完成的项目成果，在小组和全班中或在网络上进行展示与交流。

（2）根据别人的意见和建议，进一步优化方案，迭代改进，完善作品。

● 活动评价

各小组根据项目选题、拟定的项目方案、实施情况以及所形成的项目成果，根据本书附录的"项目活动评价表"，开展项目学习活动评价。

本章扼要回顾

同学们通过本章的学习，根据"畅想创作"的知识结构图，扼要回顾，总结、归纳学过的内容，建立自己的知识结构体系。

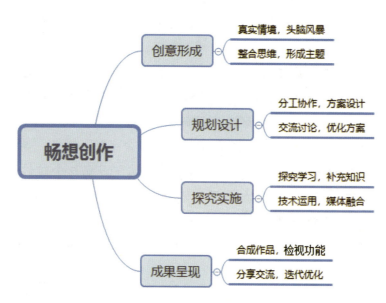

回顾与总结

第三章
创意制作

  开源硬件现已成为创客们的必备之物，作为新时代的中学生，必须学会利用开源硬件主动开展探究实验，运用各种工具积极动手造物，参与到利用开源平台进行项目开发的实践中，努力将自己的创意转变为实体作品。

  本章以 3D 设计及其作品创作为主题，以"机器狗设计及其实体呈现"项目为例，从 3D 打印机、3D 设计、3D 打印实施、3D 机器狗组装、机器狗运动控制等方面入手，开展自主 / 协作的探究学习，让同学们在此过程中经历提出想法、规划设计、打印实施组装与控制机器狗等步骤，体验 3D 设计和 3D 打印实施的过程，了解 3D 打印的原理，初步掌握 3D 设计、打印的操作，学会设计、制作作品，并能据此将其应用到解决实际问题当中，将想法"活灵活现"地呈现出来。

第一节　3D 打印
第二节　3D 打印实施过程
第三节　实体结构搭建
第四节　3D 设计机器狗
第五节　制作机器狗
第六节　让机器狗动起来
第七节　实体作品创作

项目范例：机器狗设计及其实体呈现

● 情境

机器狗是一种可以移动的运载、娱乐装置，若与开源硬件结合，可以变成通过编程手段完成特定任务的机器人。我们能否利用3D设计工具，设计一款独具特色的简易机器狗呢？能否利用开源硬件组装机器狗并控制其行为？

● 主题

机器狗设计及其实体呈现。

● 规划

根据项目范例的主题，在小组中组织讨论，利用思维导图工具，制订项目学习规划，例如：
1. 设计、制作机器狗，控制机器狗的行为，需要掌握哪些知识技能？
2. 创作的作品以怎样的形式呈现？需要用到哪些工具？
3. 项目开发报告怎样撰写？创意如何分享？
4. 小组成员分工与项目开发进度如何安排？

● 探究

根据项目学习规划的安排，通过调查和案例分析，文献阅读或网上搜索资料，开展"机器狗设计及其实体呈现"项目学习探究活动，如表3-1所示。

表3-1 "机器狗设计及其实体呈现"项目学习探究活动

探究活动	学习内容	知识技能
3D打印机	3D打印技术	熟悉3D打印技术
	3D打印机	了解3D打印机结构及开源方案
3D打印实施	3D设计工具	了解3D设计软件
	3D打印实施过程	熟悉3D打印实施过程
机器狗设计	狗体设计	根据小狗结构设计狗腿及狗头
	电机支架设计	利用复制技巧设计减速电机支架
	轮盘、狗腿设计	学会一体化设计小狗前腿和连杆

续表

探究活动	学习内容	知识技能
组装机器狗	打印、制作机器狗组件	能利用 3D 打印机等工具制作机器狗组件
	组装简易机器狗	会利用开源硬件组装简易机器狗
控制机器狗运动	机器狗运动设计	能用 Mixly 编程实现机器狗的简单运动
	遥控蓝牙机器狗	能编写 App 程序，通过手机控制蓝牙机器狗

● 实施

实施项目学习各项探究活动，熟悉 3D 打印机、激光切割机等工具，学会运用草图大师设计零部件，能根据小狗结构进行一体化模型设计，动手制作有关零部件，利用开源硬件组装机器狗，并编程控制机器狗的运动。

● 成果

在小组开展项目范例学习过程中，利用思维导图工具梳理小组成员在项目学习活动中的观点、建立观点结构图，运用多媒体创作工具（如演示文稿、在线编辑工具等），综合加工和表达，形成项目范例可视化学习成果（如项目开发报告），并通过各种分享平台发布。

● 评价

根据本书附录的"项目活动评价表"对项目范例的学习过程和学习成果，在小组和全班中或在网络上开展交流，进行自评和互评。

● 项目选题

请同学们以 3~6 人组成一个小组，选择下面一个参考主题，或者自拟一个自己感兴趣的主题，制作创意作品。

1. 设计制作能够抓取物件的简易机械手。
2. 设计制作能够跳舞的简易机器人。
3. 结合门禁系统，设计制作一个简易的门禁装置。

● 项目规划

各小组根据本组的项目选题，参照项目范例的样式，利用思维导图工具，制定相应的项目方案。

● 方案交流

各小组将完成的方案在全班中进行展示交流，师生共同探讨、完善相应的项目方案。

第一节　3D 打印

现在是 DIY 时代，利用网上的开源软件和开源硬件，根据 3D 打印技术，可以比较容易地实现 3D 打印机的组装、制作。

一、3D 打印基本技术

3D 打印机的分层加工成型技术很多，其中应用最广泛的是熔融沉积、立体光固化、激光烧结、三维打印四种。

1. 熔融沉积（Fused Deposition Modeling，FDM）

最初的 3D 打印机，就是通过在打印头熔融塑料，然后一层一层地打印（或称涂抹堆积）而制作出实物，如图 3-1 所示。采用熔融沉积方式的 3D 打印，可将各种塑料、食品等易于熔融的材料打印成漂亮美观的实物。

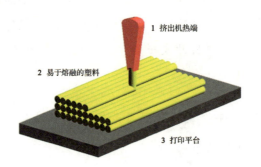

图 3-1　一层一层地按切片图层熔融沉积

2. 立体光固化（Stereo Lithography Appearance，SLA）

SLA 技术是用特定波长与强度的激光，聚焦到需要进行光固化的材料（一般采用液态光敏树脂）表面，使之按切片图层的图形由点到线、由线到面的顺序凝固，完成一个切片图层的固化后，再固化另一个切片图层，这样层层叠加即可构成一个三维实体，如图 3-2 所示。

SLA 技术是成型速度较快、精度较高的 3D 打印技术，主要用于制造各种复杂、精密的模具、模型等。

3. 激光烧结（Selective Laser Sintering，SLS）

激光烧结是一种分层加工制造技术，其实施过程如图 3-3 所示。

（1）计算机通过软件将屏幕上的三维图像转化为一整套切片，每个切片描述了确定高度的物体的横截面，这套切片被传送到 3D 打印机。

（2）3D 打印机根据物体切片，先在铸模托盘上传送一层极薄的粉末层；接着激光烧结机利用激光能量将每一粉末层熔化烧结，从而形成一个固化的层。

（3）通过这样一层一层地累积烧结、固化，最终得到所要求的物件。

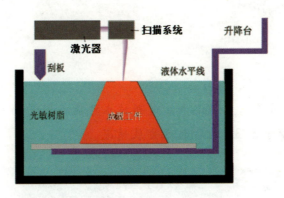

图 3-2　一层一层地按切片图层激光固化

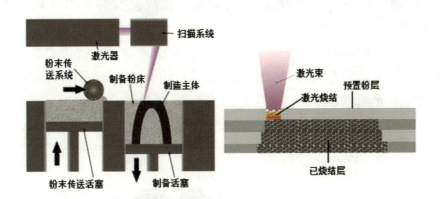

图 3-3　采用激光烧结方式的 3D 打印过程

采用激光烧结方式，3D 打印的材料范围就变得很宽广了，不仅可以打印塑料制品，而且可以打印玻璃、钢、铜、金、钛等各种物件。

4. 三维打印（Three Dimensional Printing，3DP）

这是真正的 3D 打印！因为这种技术和平面打印非常相似，连打印头都可以直接用平面打印机的打印头。和 SLS 类似，这个技术的原料也是粉末状的。

典型的 3DP 打印机有两个箱体。如图 3-4 所示，左边为储粉缸，右边为成型缸。打印时，左边会上升一层（一般为 0.1mm），右边会下降一层，滚粉辊把粉末从储粉缸带到成型缸，铺上厚度为 0.1mm 的粉末。打印机头根据计算机数据把液体打印到粉末上。平面打印机的 Y 轴是纸在动，而 3DP 的 Y 轴是打印头在动。液体要么是黏合剂，要么是水（用于激活粉末中粉状黏合剂）。

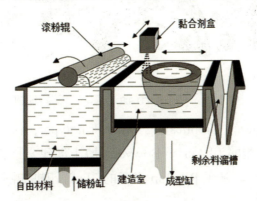

图 3-4　三维打印结构原理

探究活动

调查

3D打印技术发展日新月异，上述记录及最新技术可能在同学们看到本书时已经被刷新，请同学们查找相关资料，了解最新3D打印技术发展情况。

二、3D打印机开源方案

基于FDM（熔融层积成型）技术的3D打印机，比较流行的开源方案主要有Makerbot、Ultimaker、Prusa、RepRap。

（1）初始方案：包括Makerbot、Ultimaker方案，Makerbot方案提供底板加热，USB接口，双喷头，电机驱动能力可通过软件调整，但成本较高；Ultimaker方案在Makerbot方案的基础上做了修改，降低了整机的制造成本，提高了打印速度。

（2）Prusa方案：降低了机械结构和电气方面的复杂度，改为龙门架结构，没有外壳，成本更低，如图3-5所示。

图 3-5　基于 Prusa 方案的 3D 打印机

（3）RepRap方案：RepRap（Replicating Rapid Prototyper，快速复制原型）由英国巴斯大学机械工程高级讲师阿德里安·鲍耶（bAdrian Bowyer）博士创建，具有一定程度的自我复制能力，能够打印出自身的大部分组件。基于RepRap方案的3D打印机如图3-6所示。

图 3-6 基于 RepRap 方案的 3D 打印机

（4）开源 SLS 3D 打印机，人们在想到选择性激光烧结（SLS）技术时，往往将其与大型工业级 3D 打印机联系起来，印象中价格昂贵，肯定不是普通人能够玩得起的。然而，随着开源 3D 打印机的发展，OpenSLS 也出现了。美国人巴斯蒂安（Bastian）从 2013 年年底起就开始致力于开发开源的 SLS 3D 打印技术，如今已经制造出了一个能正常工作的 OpenSLS 3D 打印机，如图 3-7 所示，该打印机能够打印多种材料。

图 3-7 开源 SLS 3D 打印机

● 实践

（1）上网搜索开源 3D 打印机，了解其性能、价格等情况，并进行记录和保存；根据条件准备好网购的 3D 打印机 DIY 套装。

（2）阅读参考资料"3D 打印机组装"及观看"3D 打印机组装调试"视频，了解 3D 打印机的组装调试过程，根据实际情况，每 2~3 小组组成一个大组，进行 3D 打印机的组装和调试。

● 项目实施

结合自选项目主题，如果要自行设计、制作所需要的零部件，应选择哪种工具（木工工具、激光切割机、3D 打印机）？将自己的想法在小组内交流、讨论。

第二节　3D 打印实施过程

过去，我们要将头脑里的想法变成空间模型或实体，需要经历一个比较长的过程，尤其是 3D 建模更是一个难关。现在，随着 3D 打印笔和 3D 打印机的快速发展，3D 建模变得相对容易，因而，这种"想法—建模—变现"的过程，只需要很短的时间即可实现。

一、3D 设计软件

3D 建模需要 3D 设计软件。现在，伴随 3D 打印热潮的兴起，各种三维建模软件层出不穷，如 SketchUp（草图大师）、123D 设计等。这里推荐初学者使用 SketchUp 进行 3D 设计。

SketchUp 是一个免费、交互式的 3D 建模程序，俗称草图大师，不仅适合高级用户，也适合初学者。它上手非常容易，功能强大，可用于三维设计、装修设计及房屋建筑设计等。其界面如图 3-8 所示。

图 3-8　草图大师软件界面

注：将鼠标指针移至界面各工具按钮上，会显示对应的文字说明。

利用 SketchUp 提供的各种工具，通过简单的画、推拉、旋转等手法，可以简易、快速地实现 3D 建模；同时，也可以将拍摄的照片导入 SketchUp 中而创建相应的 3D 模型。

下面以设计、制作一个小垫片或纽扣为例，通过草图大师设计其 3D 模型，利用 3D 打印机打印小垫片或纽扣实物，从而完整地体验 3D 打印实施的全过程。

二、设计小垫片模型

小垫片描述：外半径 5mm，孔半径 2mm，厚度 2mm。

1. 设计 3D 小垫片

运行 SketchUp，选择模板（"3D 打印 - 毫米"），单击"开始使用 SketchUp"，进入 SketchUp 设计界面（注意删除默认的 3D 框架）。

　　A. 进入"俯视图"视图模式，选择"圆"工具，以轴交点为圆心画一个半径为 5mm 的圆（在点按拖拉鼠标的同时，通过键盘输入 5 并按回车键），如图 3-9A 所示。

　　B. 用"圆"工具再画一半径为 2mm 的同心圆，如图 3-9B 所示。

　　C. 切换到"等轴"视图模式，删除孔中图形，如图 3-9C 所示。

　　D. 用"推/拉"工具选择孔外图形，向上拉伸 2mm（在点按拖拉鼠标的同时，通过键盘输入 2 并按回车键），形成小垫片的 3D 模型，如图 3-9D 所示。

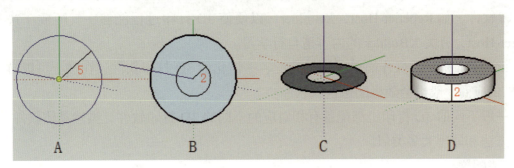

图 3-9　小垫片设计过程

2. 保存 3D 模型文件

所建立的 3D 模型，一般应分别用以下两种文件类型保存。

　　A. .skp 文件：3D 模型源文件，通过"文件"｜"保存"或"文件"｜"另存为"实现。这类文件可随时用 SketchUp 软件打开进行修改。

　　B. .3ds 文件：供 3D 打印机打印使用文件，可经"文件"｜"导出"｜"三维模型"→从"输出类型"中选"3ds 文件"→"导出"实现。

● 探究活动

● 实践

利用草图大师设计一个纽扣或杯子的 3D 模型。

三、3D 打印实施

　　建立了 3D 模型后，如何将 3D 模型传送给 3D 打印机，并驱动 3D 打印机将 3D 模型打印成实物呢？

1. 3D打印过程

将3D模型打印成实物的过程，必须经三个软件的处理来完成：切片、传送、驱动。

1）切片软件

切片软件是3D打印软件的核心，其作用是将3D模型细分成可以打印的薄层（薄层厚度也就是打印精度，可设置），并计算该薄层的打印路径。目前使用比较广泛且操作便捷的切片软件有 Makerbot、Cura 及 XBuilder、Repetier-Host 等。

2）传送软件

切片数据通过传送软件送往3D打印机。

3）驱动软件

3D打印机客户端接收到切片数据后，再把这些数据变成一系列动作，然后驱动硬件实施打印。

2. 3D打印集成软件

在实际的3D打印实践中，用户一般采用集浏览、修改、切片、传送、驱动于一体的整合性的3D打印软件，如 Repetier-Host、XBuilder，以便使3D打印过程能够一气呵成。这里重点介绍 Repetier-Host，有关 XBuilder 的内容请自行学习。

Repetier-Host 是一款操作简单、流行广泛、一体化的3D打印软件，在网上可以自由下载，3D打印机供应商一般也会随机配送这款软件。

注：一般不同的3D打印机都配备有相对应的不同的3D打印软件，虽然具体软件不尽相同，但其使用方法和原理大多类似。

1）安装配置

软件安装很简单，在运行 setupColido-RepetierHost.exe 后，只要按照安装提示一步步进行即可。安装完后会自动运行，初次运行需要进行以下两步配置。

第一步：打印机设置，如图3-10所示。

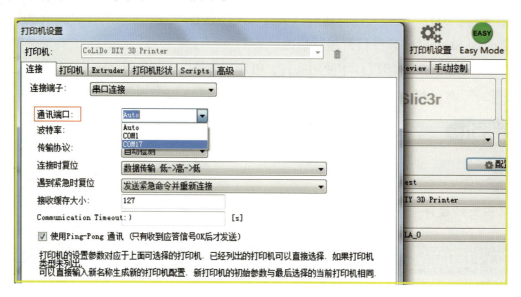

图3-10 打印机设置

第二步：切片软件配置，主要设置打印的质量，包括层高、填充等参数，一般采用软件默认参数即可，如图 3-11 所示。

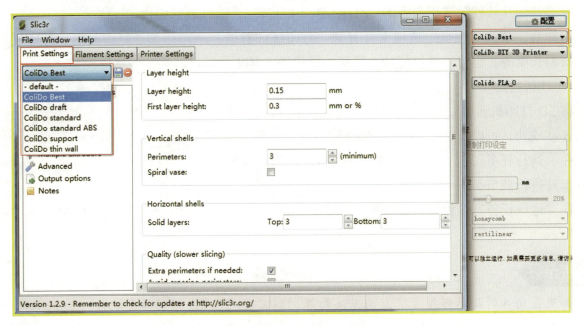

图 3-11　切片软件设置

2）切片准备

A. 载入文件。

Repetier-Host 兼容各种 3D 文件，包括 3D 模型文件和 3D 切片文件。对载入的 3D 模型文件，可以通过"3D 视窗"进行浏览，也可以利用"物体位置"选项卡中的"增加""复制""缩放""切割"等工具，对物体进行相应的处理。例如，缩放物体为原来的 0.5 倍，即将 X、Y、Z 的值由 1 改为 0.5，其用料将减为原来的 1/8，如图 3-12 所示。

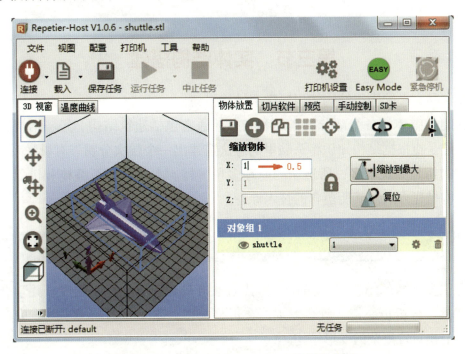

图 3-12　在 Repetier-Host 中缩放物体

B. 切片与预览。

单击"切片软件"选项卡中的"开始切片Slick3r",即可进行切片。

切片后,单击"预览"选项卡可看到"打印统计数据",包括预计打印时间、打印层数、需要材料长度等;也可以通过旋转、平移、缩放等工具来预览已经切片的物体模型。

3)连接打印

将3D打印机通过USB线连上计算机,单击"连接"按钮,当按钮颜色由红色变为绿色时,表示连接成功,可以实施打印——"运行任务"。

在"运行任务"前,可以手动实时控制打印机,调整打印头与打印平台的距离(一般通过测试卡片进行调节)。

在"运行任务"过程中,也可单击"紧急停机",使3D打印机随时"终止任务"或"中止任务"。

● 提示

如果在切片时提示模型没有封闭无法切片,则需要利用3D模型修复软件,如netfabb等对所设计的3D模型进行修复后方可正常切片打印;否则,即使强行切片,打印出来的效果也会非常不理想。

● 项目实施

以小组为单位,确定需要设计制作的小零件或小部件。

(1)根据分工,参照上面"小垫片"的设计方法,利用草图大师设计所需要的小零件模型。

(2)在小组内对各自设计的小零件进行互评,推选出优秀作品。

第三节　实体结构搭建

创作实体作品,必须懂得结构知识,学会结构搭建。

结构是指组成整体的各个部分的搭配和安排,通常包括建筑结构、经济结构、文艺作品结构等。结构搭建是指根据结构知识将头脑里的想法搭建出一个层次分明、有机联系的整体。

实体结构的搭建方式很多,所遵循的原理多种多样。本节仅以折叠椅和机器狗为例,剖析几种简易的结构搭建方式及其所蕴含的技术原理。

一、折叠椅

生活中有很多东西的结构,值得我们将其抽象出来去理解其基本构成,并学会结构搭建。例如,仔细考察、分析折叠椅,就会发现,在折叠椅中,除了普通椅子中具有的三角形支撑结构外,还有一个相对较复杂的变形结构。

1. 折叠椅的支撑结构

在折叠椅的结构中，有两个起支撑作用的三角形结构，如图 3-13 所示。

图 3-13 折叠椅的三角形结构

探究活动

思考

想一想，在你所见到的事物中还有哪些具有三角形结构？你觉得三角形结构的主要作用是什么？在小组内交流、讨论。

2. 折叠椅的变形结构

在上面的折叠椅中，有一个四边形结构，其作用是通过轴边的变形使得椅子能够顺利地被折叠，不过，这种四边形结构相对较复杂，我们可以通过另一种折叠椅来了解较简单的变形结构，即三角形变形结构，如图 3-14 所示。

在图 3-14 这种折叠椅中，变形结构主要是靠四个轴来实现的，如图 3-14 中的红点标记所示。为了更好地说明这种折叠椅的变形结构，可以用抽象出来的几何模型来呈现，如图 3-15 所示。

在这个模型中，有四个轴 A、B、C、D，都可以转动，变形的过程实际上就是由三角形 ABC 变成四边形 ABCD。注意，四条边 AB、BC、AD 与 CD 的长度是受约束的，需要从受力和美观的角度去权衡；椅子的座板应与 CD 固定在一起，而不是 AD，使得椅子在从折叠状态展开的过程中，座板能够随着 CD 的转动逐渐放平，最终搭在 AD 上得以支撑，形成一个稳定的三角形结构。

创意呈现

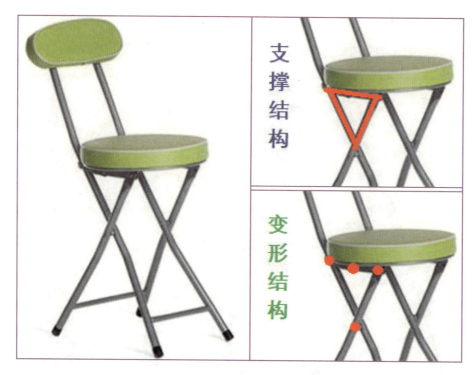

图3-14 三角形变形结构

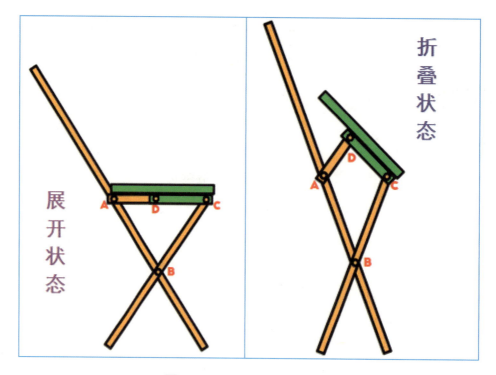

图3-15 抽象几何模型呈现

● 实践

你能根据折叠椅的结构原理，利用草图大师或其他图形设计工具，设计一把简易折叠椅吗？

二、曲柄机构

曲柄机构，包括曲柄摇杆机构、曲柄滑块机构等，都是通过铰链，以主动件曲柄的转动，带动从动件摇杆或滑块做变速往返摆动。

1. 曲柄滑块机构

曲柄滑块机构是指用曲柄和滑块来实现转动和移动相互转换的平面连杆机构。例如，在电机轴上装上曲柄或者凸轮，可以使电机的旋转运动转换为活塞的上下运动，如图 3-16 所示。

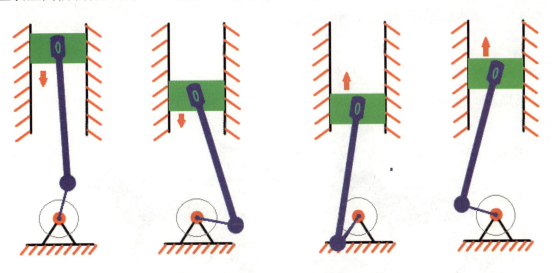

图 3-16　旋转运动转换为活塞的上下运动

2. 曲柄机构实例

曲柄机构广泛应用于往复活塞式发动机、压缩机、冲床等的主机中，把往复移动转换为不整周或整周的回转运动。

曲柄机构应用实例很多，这里再列举两例，如图 3-17 所示。

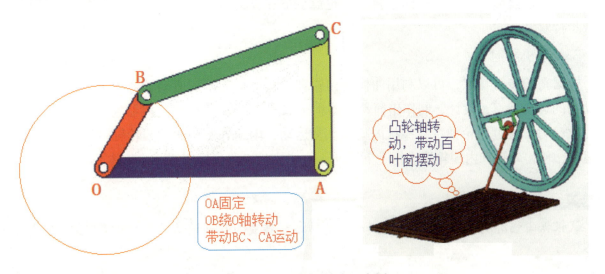

图 3-17　曲柄机构应用实例

如图 3-17 左图所示，OB 绕 O 转动，带动 AC 做更大范围内的圆周运动。

如图 3-17 右图所示，凸轮绕轴转动，带动百叶窗做上下摆动。

● 思考

如果 OA=BC，OB=AC，且 OB 以 O 为轴转动，那么 BC 和 AC 将怎样运动？

三、机器狗

如果运用曲柄机构原理，可以利用电机驱动，制作模仿人或动物走路的装置，如机器人、机器狗等。

1. 狗的行走分析

仔细观察狗的步行状态，可以发现狗四条腿的运动接近于一种轮流的上下往复运动，如图 3-18 所示。

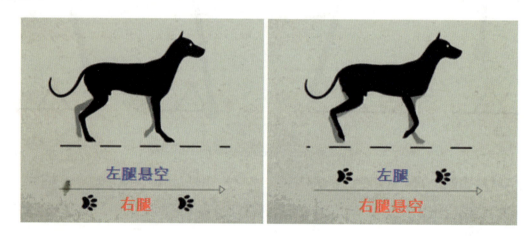

图 3-18 狗的步行状态

如果我们能够让机器狗的四条腿进行轮流上下往复运动，那就可以通过电机驱动让机器狗实现步行效果。

2. 简易机器狗

根据狗的步行特点，可以利用曲柄机构原理，将电机的旋转运动转变为上下往复运动，模仿动物的运动特点，设计、制作出简易机器狗，如图 3-19 所示的棍状机器狗，中间的减速电机作为驱动力，通过凸轮轴带动棒状内腿做往复运动，内腿外侧又通过凸轮轴带动棒状外腿做往复运动，使得外腿和内腿轮流进行上下运动，而使棒状机器狗像蜘蛛一样整体前行。

● 实践

试根据曲柄滑块机构原理，设计一个将旋转运动转变为往复运动的实用装置，在小组内交流、讨论。

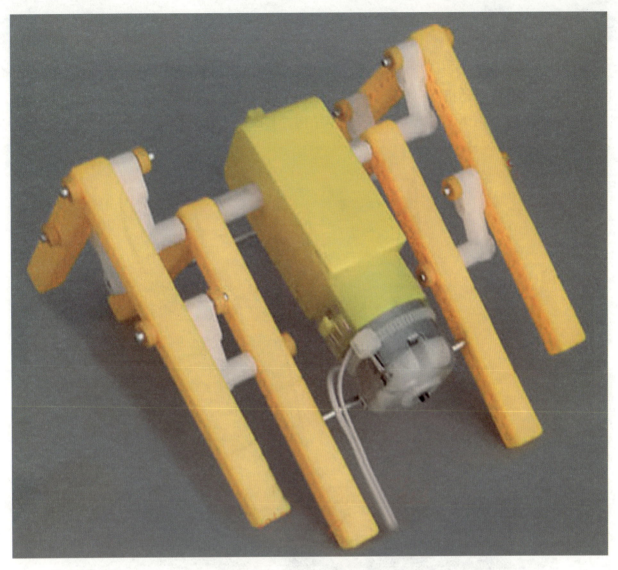

图 3-19 棍状机器狗

● 项目实施

以小组为单位,结合自定项目主题,尝试设计类似棍状结构机器狗图样的项目作品模型。

第四节　3D 设计机器狗

将头脑里的想法变成空间模型或实体,需要经历的过程是"想法—建模—变现"。显然,"想法—变现"的关键是 3D 建模。也就是说,要用 3D 打印机、激光切割机、木工工具、金工工具等创作工具制作实体,必须先把创意变成 3D 效果图。本节以简易机器狗为例,考虑如何将其变为 3D 模型。

创意呈现

一、机器狗基本结构

为简便起见,我们预设一个简易的机器狗,让减速电机驱动轮盘作为机器狗的后腿,让轮盘上的曲柄通过连杆带动机器狗前腿动作,构成一个电动机器狗系统。

电动机器狗包括狗体、狗腿、狗头等基本结构,其模型如图 3-20 所示。

图 3-20 电动机器狗模型

从电动机器狗的预想模型到实用的 3D 模型,需要根据狗的各部分的比例来具体进行一步步的设计、制作。

二、机器狗体设计

狗体设计，必须根据电机、轮盘、狗腿以及狗头等的大致尺寸进行布局。尤其是要根据工具减速电机的尺寸，来确定狗体的长、宽、高。

1. 减速电机

减速电机是减速机构和电机（马达）的集成体。这种集成体通常采用齿轮减速的原理来实现电机转速的减慢。减速电机中的减速机构是用不同齿数的 n 组齿轮，将电机的出轴转速减到所需要的转速，使减速电机能够在合适的场合使用。

常用的减速电机（减速比分为 1：48、1：120、1：256 等几种）及其大致尺寸，如图 3-21 所示。

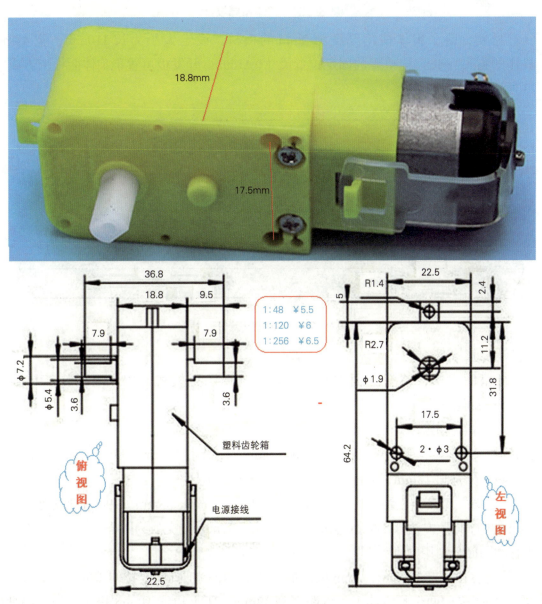

图 3-21　常用的减速电机及其尺寸

2. 狗体设计

熟悉了减速电机的尺寸，就可以进行狗体的布局设计，如图3-22所示。

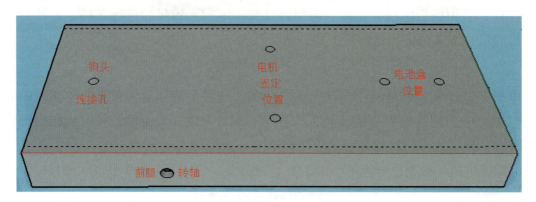

图 3-22　狗体布局设计

为节省材料，整个狗体使用厚度为2mm的板材，设定大小为长110mm、宽48mm、高20mm，具体的狗头、狗腿、电机等的固定位置尺寸（Arduino开发板可置于狗体面板上方或下方），如图3-23所示。

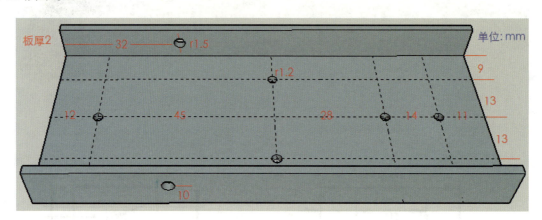

图 3-23　狗体的设计尺寸

狗体设计步骤如下。

A. 运行草图大师，清空界面内容，进入"俯视图"模式，用"矩形"工具画出一个110mm×48mm的矩形。

B. 进入"等轴"视图模式，用"推/拉"工具拉伸矩形2mm。

C. 用"卷尺"工具从近边线开始，分别画2mm、11mm、24mm、37mm、46mm的引导线，从左边线开始，分别画12mm、57mm、85mm、99mm的引导线。

D. 用"画圆"工具，以距近边线24mm与左边线12mm、85mm、99mm相交处为圆心画半径为1.2mm的圆，以距左边线57mm与近边线12mm、37mm相交处为圆心画半径为1.2mm的圆，并选择所有的圆面分别用"推/拉"工具向下拉伸2mm。

E. 选择近边和远边110mm×2mm的矩形用"推/拉"工具向上拉伸18mm。

F. 在拉伸出来的两个长方体上，以距左侧32mm、距上边线10mm相交处为圆心画半径为1.5mm的圆，并选择两个圆面分别用"推/拉"工具向前推2mm。

• 探究活动

• 实践

（1）准备好用于制作的元器件，准备好直尺、游标卡尺以及草图大师等工具。

（2）根据 Arduino 开发板及其他相关器件的尺寸，结合自选项目主题，设计一个简易装置，厚度可考虑 2~4mm。

• 讨论

结合自选项目主题，根据本节所做的布局设计，你觉得应该怎样改进才能简化元器件及各部件的装配工作？请将自己的想法在小组内交流、讨论。

三、机器狗腿设计

有了 3D 打印机和激光切割机等现代化的制作工具，对于常见的零部件的 3D 模型可以进行一体化的设计，如将平常通过螺栓与螺母连接的某些部分设计成一体化，减少或省略螺栓与螺母，以简化元器件与各部件的装配工作。

这里就在狗体设计的基础上一体化设计电机支架。

1. 机器狗后腿设计

机器狗的后腿以轮盘代替，轮盘的运动由减速电机驱动，减速电机可通过支架固定在狗体下方两侧。因此，机器狗后腿设计包括电机支架设计和轮盘设计。

1）电机支架设计

根据减速电机的尺寸，在狗体下方设计一体化电机支架的步骤如下。

A．打开原来的狗体设计文件，用"卷尺"工具从右边线开始，分别画向左 5mm、向右 35mm 的引导线，再从距近边线 37mm 的引导线开始，分别画向前 2.5mm、向后 2.5mm 的引导线。

B．用"直线"工具连接距右边线 -5mm、35mm 和距近边线 34.5mm、39.5mm 的四边形区域的四个点，构成一个封闭的矩形，并选择该矩形，用"推/拉"工具向上拉伸 5mm。

C．在拉伸出来的长方体上，以距底边 2.5mm 与距左端 19mm、36.5mm 相交处为圆心画半径为 1.5mm 的圆，并选择两圆面分别用"推/拉"工具向前推 5mm。

减速电机支架的一侧设计，如图 3-24 所示。

减速电机支架另一侧的设计，可依此进行。

2）复制电机支架

为了减少设计时间，可通过复制的方法设计另一侧的电机支架。

A．框选设计好的支架板，执行右键菜单"创建组件"命令，创建支架板组件，如图 3-25 所示。

B．双击刚创建的支架板组件，并框选整个组件，如图 3-26（a）所示。

C．选择"移动"工具，与 Ctrl 键配合，沿前后虚线方向向近端移动 26mm，实现对原支架板的复制，如图 3-26（b）所示。

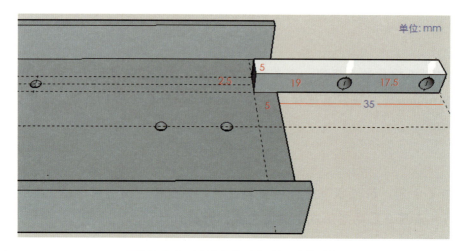

图 3-24　减速电机支架的一侧设计

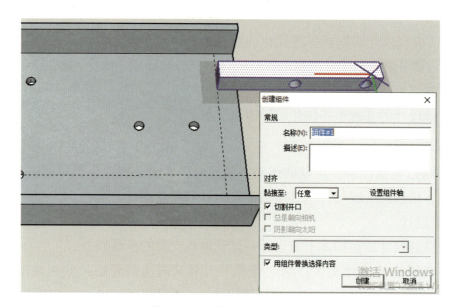

图 3-25　创建支架板组件

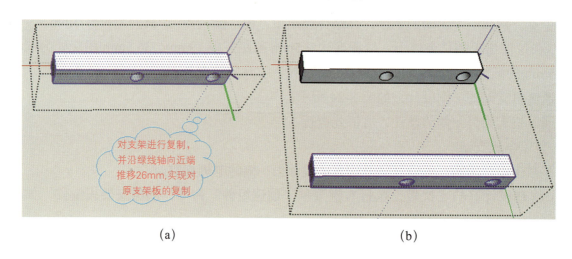

（a）　　　　　　　　　　　　（b）

图 3-26　支架板的复制过程

在任意位置单击鼠标左键，最后得到支架复制的效果，如图 3-27 所示。

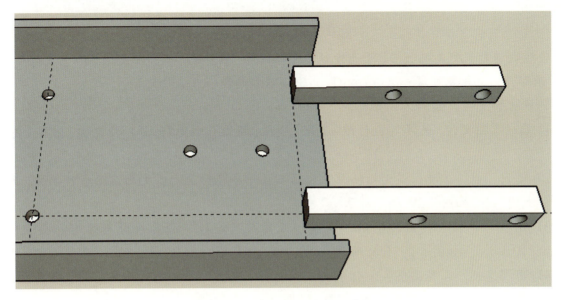

图 3-27　复制另一侧电机支架

组件复制是在 3D 设计中常用的一种模型设计方法，运用组件复制的方法可以缩短设计时间，减少设计偏差。

3）轮盘设计

轮盘，作为机器狗的后腿，套在减速电机轴上，通过电机的转动驱动其运动，同时，需要在轮盘上设置曲柄，以便能够通过连杆驱动机器狗的前腿动作。轮盘设计如图 3-28 所示。

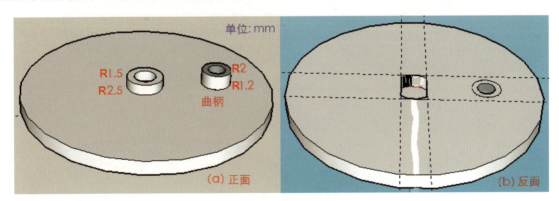

图 3-28　轮盘设计

A．运行草图大师，新建文件，清除界面，进入"俯视图"模式，以坐标轴为圆心，分别以 1.5mm、2.5mm、17.5mm 为半径画圆；然后，在距坐标轴 10mm 的右侧分别以 1.2mm、2mm 为半径画圆；最后，切换到"等轴"视图模式，用"推/拉"工具，选择右侧半径 1.2~2mm 的圆环区域向上拉伸 4mm，选择半径 1.5~2.5mm 的圆环区域向上拉伸 3.5mm，选择半径 2.5~17.5mm 的圆环区域向上拉伸 2mm，如图 3-28（a）所示。

B．用"环绕观察"工具，将轮盘翻过来；然后用"直线"或"矩形"工具在轮盘圆心处画 3.6mm×5.6mm 的矩形区域，并用"圆弧"工具修角，使其成为圆角矩形；最后用"推/拉"工具，选择圆角矩形区域向下推 2mm，如图 3-28（b）所示。

拓展

轮盘的另外一种设计

为使轮盘看起来更美观一些，可进行另外一种设计。设计要求：①轮盘边缘有一定的弧度（考虑90°扇形）；②轮辐可薄一点（2mm），轮轴则要厚实一点（4mm）。

设计步骤如下（如图3-29所示）。

（1）启动草图大师，选择"3D打印-毫米"模板，框选并删除默认的3D框架，选择"俯视图"视图。

（2）使用"圆"工具，以坐标轴原点为圆心画一半径为20mm的圆（为方便操作，可用鼠标滚轮放大图形），如图3-29（a）所示。

（3）进入"等轴"视图，使用"直线"工具或"矩形"工具画出与圆平面垂直的矩形（20mm×10mm），如图3-29（a）所示。

（4）用"卷尺"工具画出多条引导线，然后用"直线"工具连线并用"圆"工具画出四个半径为2mm的圆，如图3-29（b）所示。

（5）保留轮盘截面，删除多余的线和面，如图3-29（c）所示。

（6）用"选择"工具选择圆平面，然后使用"路径跟随"工具，选择填充面单击鼠标左键，即生成对应的轮盘模型，最后删除圆平面，如图3-29（d）所示。

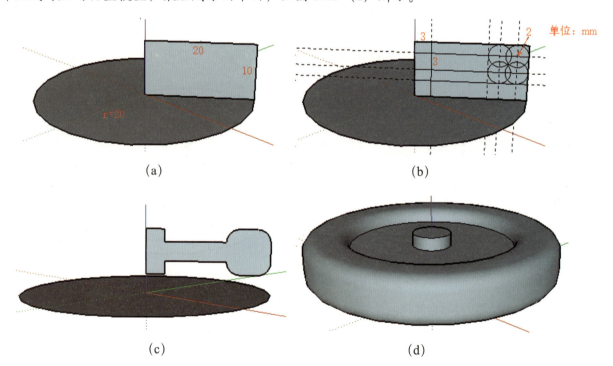

图3-29 轮盘的另一种设计过程

注：实际打印轮盘前，可根据狗体设计修改轮盘大小，增加轮盘曲柄。

实践

（1）准备好用于测量的直尺、游标卡尺以及草图大师等工具。

(2)结合自选项目主题,利用组件复制的方法,快速设计多个相似部件的3D模型。

2. 机器狗前腿设计

机器狗的前腿与后腿,通过连杆实现联动,即将电机的旋转运动(后腿轮盘的滚动)经曲柄和连杆转换为前腿的上下运动。机器狗前腿的设计尺寸,如图3-30所示。

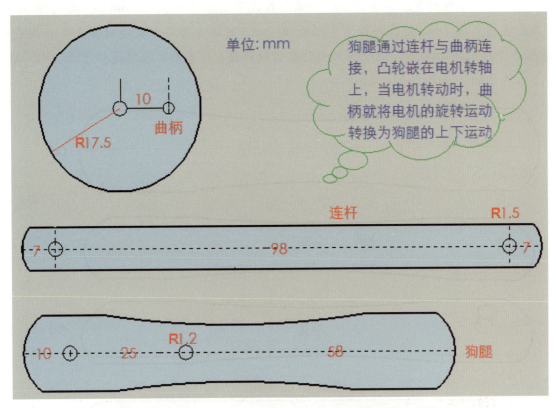

图3-30 机器狗前腿/连杆/轮盘设计尺寸

连杆和机器狗前腿的厚度可设计为2~4mm。

注:机器狗前腿和连杆设计简单,可用激光切割机或木工、金工工具来加工。

● 拓展

机器狗前腿与连杆的一体化设计

(1)启动草图大师,选择"3D打印-毫米"模板,框选并删除默认的3D框架,选择"俯视图"视图。

(2)设计前腿面板:使用"矩形"工具,画一个90mm×16mm的矩形,并用"圆弧"工具修出圆弧边,如图3-31(a)所示。

(3)设计前腿轴(可绕狗体前侧转动):进入"等轴"视图,选择前腿面板的正面,使用"推/拉"工具向上拉伸2mm;以距左端35mm中线处为圆心,画半径为2mm的圆,并以此圆面向上拉伸1mm;选择最上面的圆面及圆边,用"缩放"工具配合Ctrl键,将圆面缩小到0.75;再选择被缩小的圆面向上拉伸2mm释放,然后用"推/拉"工具配合Ctrl键将圆面拉伸1mm;最后,选择最上面的圆面及圆边,用"缩放"工具配合Ctrl键,将圆面放大到1.25,如图3-31(b)

所示。

(4) 设计连杆轴：选择前腿面板的背面，在距左端10mm中线处，以与（3）同样的步骤，设计连杆轴（连杆一端连接小狗前腿），如图3-31（c）所示。

(5) 在前腿连杆轴上设计一体化连杆：以前腿面板前后左右边线为准，向上画3mm的引导线，再将四条引导线的交点连接构成一平面；在此平面上设计长为110mm、宽为9mm的连杆区域，在距连杆左端7mm处画半径为1.5mm和2mm的环并套在前腿连杆轴上；在距连杆右端7mm处画半径为1.2mm的圆（通过螺丝与轮盘凸轴连接）；最后，选择连杆平面，用"推/拉"工具向上拉伸2mm，如图3-31（d）所示。

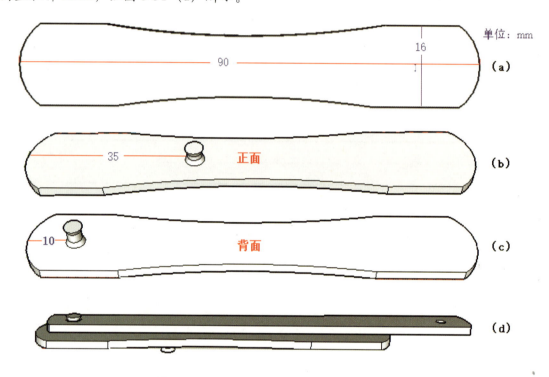

图 3-31 机器狗前腿与连杆的一体化设计

四、机器狗头设计

机器狗头包括狗头主体、狗脖、狗耳、狗眼等。

为使整体轻便，可使用厚为1mm的硬纸板进行设计。

1. 狗头主体

狗头主体，可用长140mm、宽126mm、厚1mm的硬纸板，折叠成30mm×30mm×50mm的长方体纸盒，具体的设计尺寸，如图3-32所示。

2. 狗脖

狗脖，可用长97mm、宽45mm、厚1mm的硬纸板，折叠成内半径15mm、高12mm的圆柱体纸筒，具体的设计尺寸如图3-33所示。

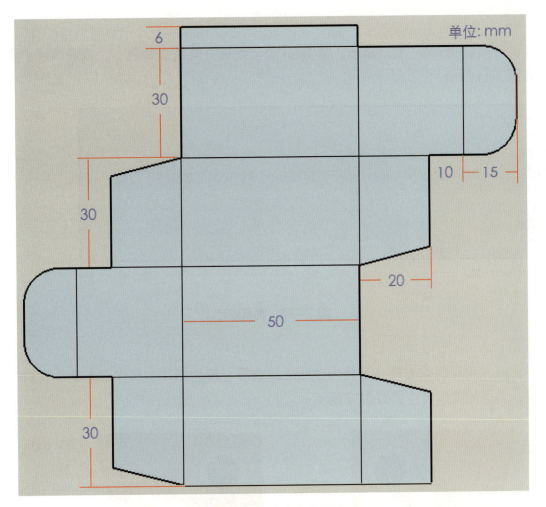

图 3-32 狗头主体设计

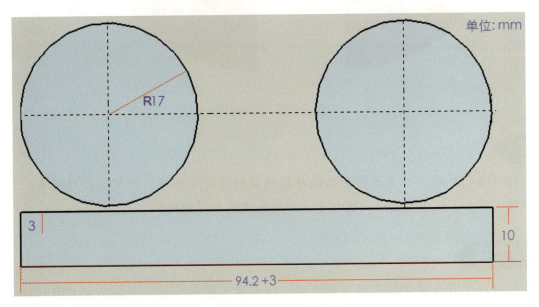

图 3-33 狗脖柱体设计

注：$2\pi r = 2 \times 3.14 \times 15 = 94.2$；半径为 17mm、厚 1mm 的两个圆纸板，能分别托住和盖住内径为 15mm、厚为 1mm 的纸筒，形成内径为 15mm、高为 12mm 的圆柱纸筒。

3. 狗耳

狗耳，可用长95mm、宽30mm、厚1mm的硬纸板（蓝色或绿色），裁成两片，具体的设计尺寸如图3-34所示。

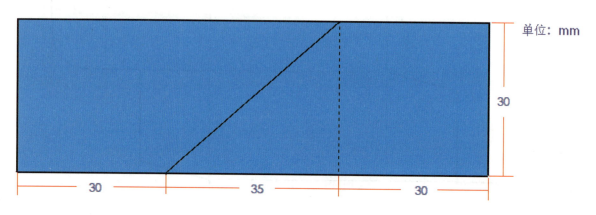

图 3-34 狗耳设计

4. 狗眼

狗眼，可在狗耳的前方贴一半径为30mm的扇形、黄色纸片，再在扇形纸片上贴一黑色圆珠或扣子，具体的设计尺寸如图3-35所示。

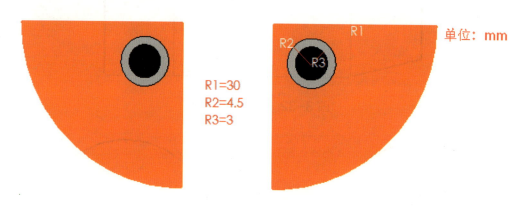

R1=30
R2=4.5
R3=3

图 3-35 狗眼设计

● 思考

在利用"路径跟随"工具进行有关轴对称模型的设计过程中，经常会出现断裂、不封闭等非实体图案，你和小组成员在设计过程中是如何处理这些问题的？

● 项目实施

各小组根据项目选题及拟定的项目方案，结合本节所学知识，进一步完善该项目方案中各项学习活动，并参照项目范例，设计项目作品的图样或模型。

第五节　制作机器狗

通过前面内容的学习，同学们已经初步掌握了 3D 设计和 3D 打印的基本方法和过程，下面就以本书项目范例中的简易机器狗为例，打印、制作、组装简易机器狗，实现项目作品的实体呈现。

一、打印机器狗组件

根据上一节设计的一体化机器狗狗体、轮盘等，可以利用 3D 打印机打印出实体机器狗模型组件。

1. 转换文件格式

通过草图大师，将 3D 模型文件（.skp 类）转换为 3D 打印机能够识别的文件，其操作步骤如下。

（1）启动草图大师，打开"机器狗体.skp"，注意检查模型的实体性，如图 3-36 所示。

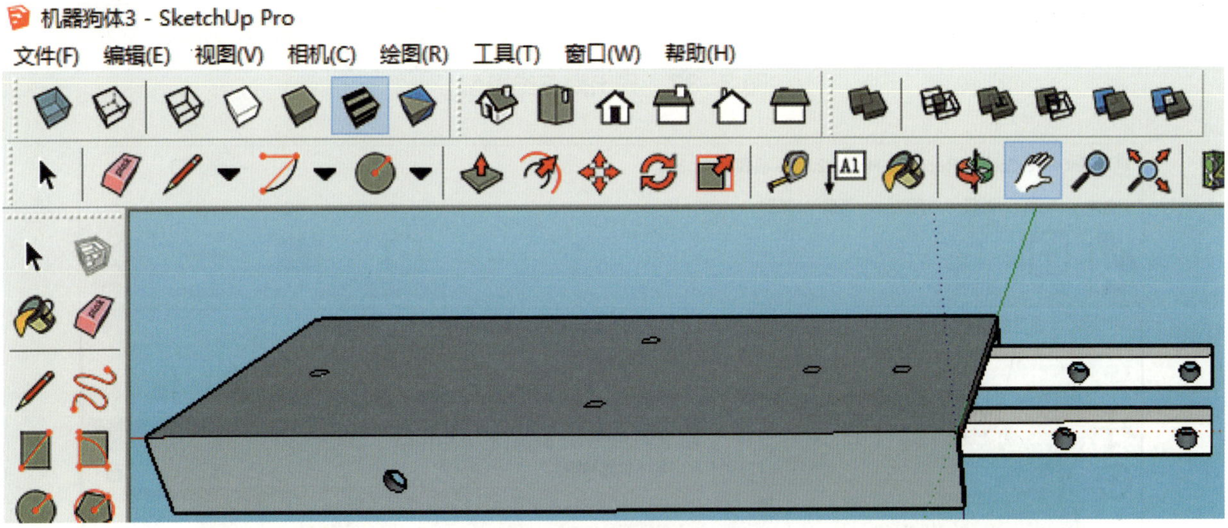

图 3-36　打开狗体 3D 模型

（2）将文件导出为三维模型，选择文件类型为 .3ds，确定文件存放位置，执行"导出"，如图 3-37 所示。

2. 实施打印

以 Repetier-Host 3D 打印集成软件为例，简述对一体化机器狗狗体的打印过程。

1）载入文件

运行 Repetier-Host，单击"载入"按钮，将"机器狗体.3ds"载入，并进行观察，如非实体，则可以点按修复工具进行修复处理，如图 3-38 所示。

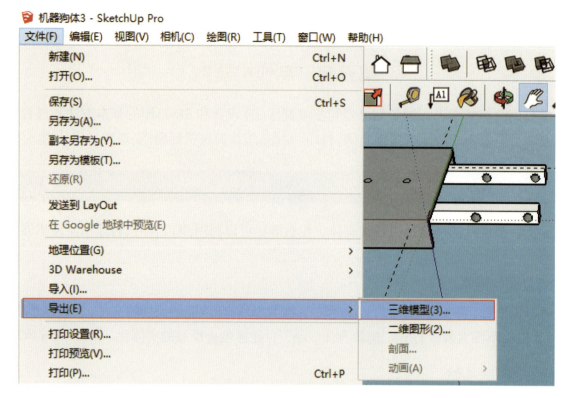

图 3-37　导出为三维模型

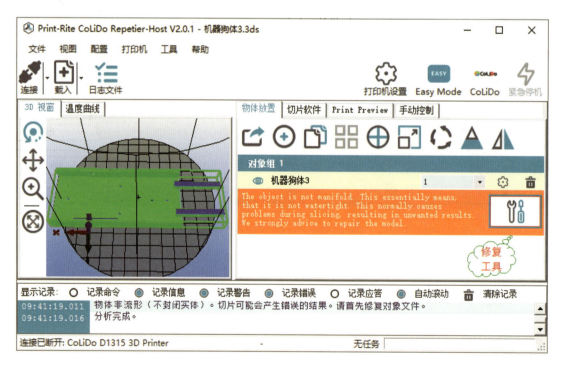

图 3-38　载入 3ds 文件并进行修复

2）对模型切片

选择"切片软件"选项卡，单击"开始切片"按钮，一会儿，完成切片自动进入 Print Preview 选项卡显示切片数据，如图 3-39 所示。

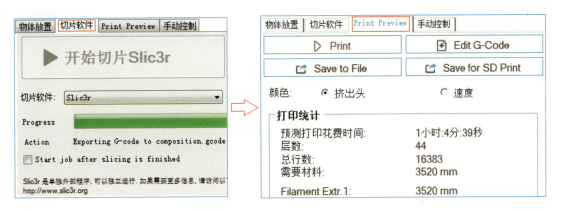

图 3-39　对模型的切片过程

3）连接运行

单击"连接"按钮，当"连接"按钮的颜色由红色变为绿色后，表明3D打印机已经与计算机连接好，同时工具条上新增加了"运行任务""中止任务"按钮，单击"运行任务"按钮，在挤出头的温度升至设定温度（可在"手动控制"中设置）时，就开始实施打印，如图3-40所示。

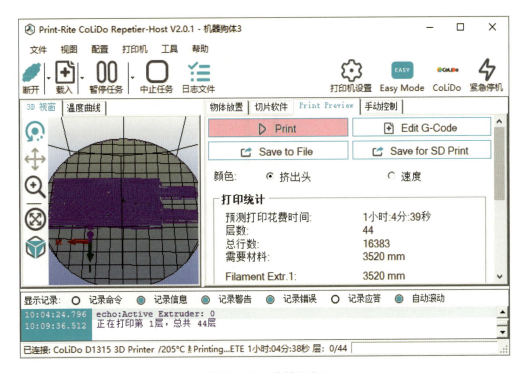

图 3-40　连接运行

● 探究活动

● 思考

结合自选项目主题，分析、讨论自己小组所进行的图样设计，哪些部件适合利用3D打印机打印？哪些部件适宜用激光切割机或金工工具切割？哪些部件又可以利用木工工具或常见的裁剪工具进行手工制作？

二、切割机器狗零件

制作实体器件,除了传统的铸造、雕刻以及现代的3D打印外,对一些板型零部件,也可以直接将木板、纸板或其他板型材料切割成适当的形状,如家里的各种板式家具、上节设计中机器狗的狗腿、连杆、狗头主体、耳朵等。把板材加工成指定的形状,除了使用木锯、钢锯外,还可以使用激光切割机。使用激光切割机加工零件,配合计算机上的软件,制作出的零部件精度较高。

1. 激光切割机简介

激光切割机是一种利用高功率激光束切割工件的机械装置。

1)激光切割机工作原理

利用从激光器发射出的激光,经光路系统聚焦成高功率密度的激光束;激光束照射到工件表面,使工件达到燃点、熔点或沸点,同时与光束同轴的高压气体将熔化或气化的材料吹走;随着光束与工件相对位置的移动,最终使材料形成切缝,从而达到切割的目的。其工作原理如图 3-41 所示。

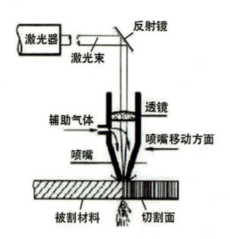

图 3-41 激光切割工作原理

激光切割机具有加工速度快、精度高、切缝小、变形小等特点。

激光切割机切割头的移动路径可以通过计算机中的图形文件来控制,激光的功率可以通过计算机程序来设定。

2)激光切割机基本结构

常见的激光切割机一般由激光发生器、激光传送聚焦装置、切割头移动控制系统、冷却系统、排烟系统等构成。其基本结构如图 3-42 所示。

由于其结构较为复杂,因此,实物激光切割机一般体积也相对较大。图 3-43 所示为一款激光切割机的实物图。

3)可加工作品展示

常见的激光切割机加工原材料为木头,其成本低、易加工、可塑性强,是使用最广泛、最普遍的形式之一,此外,纸板和亚克力板也是较为常见的原材料之一。激光切割机可以切割加工 6mm 厚度的多层夹板、亚克力板、卡纸或纸板，还可在平整的木材等表面绘制图案。利用激光切割机可以加工出一些很具美感的作品，如图 3-44 所示。

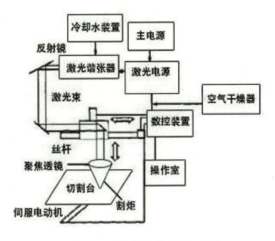

图 3-42　激光切割机基本结构

图 3-43　激光切割机的实物图

图 3-44　用激光切割机加工的作品

2. 激光切割操作

（1）下载并安装激光切割配套软件 rdworks。

（2）在 rdworks 中导入要加工的图形，例如导入机器狗前腿和连杆设计图，如图 3-45 所示。

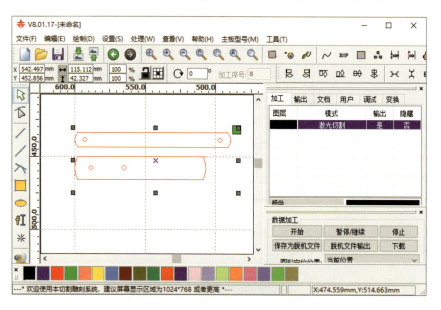

图 3-45　rdworks 导入文件图形

（3）设置加工参数：每条曲线可设置单独的加工参数，相同加工参数的曲线选中后，单击下方的颜色块，生成以该颜色为图标的图层。在右侧的加工参数设置栏显示了文件中包含的图层和相关加工参数。

双击图层，可打开图层参数设置对话框，如图 3-46 所示。

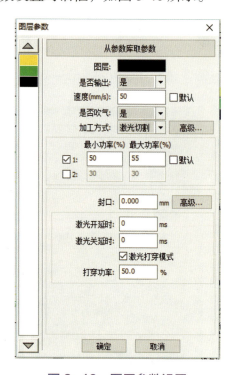

图 3-46　图层参数设置

（4）设置好的文件，可通过软件的"加工预览"功能，了解加工的过程，减少由于参数设置的失误造成的浪费，如图3-47所示。

图 3-47　加工预览

（5）完成好设置的文件，可以选择"保存为脱机文件"，将其以".rd"格式的文件保存到U盘，再通过U盘复制到激光切割机进行切割加工；若激光切割机与设置文件的计算机相连（USB数据线），则可直接选择"下载"功能将设置好的文件下载到激光切割机，如图3-48所示。

图 3-48　数据加工方式

● 实践

结合自选项目主题，尝试使用rdworks进行主题作品的零部件设计，并利用激光切割机加工、制作零部件。

● 拓展

激光切割工作流程

在进行激光切割操作之前，需要对加工的作品预先进行设计和制作，并进行一些准备工作。

（1）准备加工的图案。图案文件的格式可以是大多数常用图片文件格式。如果要利用图案把板材切割成指定形状，最好用矢量格式的图片，如ai/dxf等。

（2）设置加工参数。在rdworks软件中，对3D模型文件设置图层参数，主要是加工模式/功率/移动速度/加工次序等，比如切割4cm厚的夹板，速度可设置为50mm/s，功率设置为最小40%、最大45%，参见图3-44。具体参数的设置需要阅读机器的说明手册。

（3）将设置好的文件传送到激光切割机，以便于进行切割加工。

在使用激光切割机进行切割加工操作时，必须遵守设备的使用说明和步骤，以森峰激光切割机为例，其主要操作步骤如下。

（1）打开紧急停止按钮。

（2）转动钥匙开启电源。

（3）检查冷却水泵的运行情况。

（4）通过 USB 数据线下载文件到切割机，或者通过 U 盘复制到切割机。

（5）通过"文件"等按钮选择要加工的文件。

（6）根据设计放置板材，调整镜头的高度。

（7）用方向按钮移动镜头，用"定位"按钮设置原点。

（8）走边框，根据走的情况调整原点或者材料的位置。

（9）启动排烟装置。

（10）启动切割并密切观察加工情况。

注：由于激光切割机的操作需要经过一定的培训和指导，因此，同学们在操作激光切割机时必须在老师的指导下进行。

三、组装简易机器狗

简易机器狗的零部件，除了狗体外，还需要减速电机、轮盘、狗腿、狗头以及控制机器狗运动的 Arduino 开发板、驱动电路板等。

1. 电机

常用的减速电机如图 3-49 所示，网购价格每台在 5~7 元。

图 3-49　常见的减速电机

2. 轮盘

根据图 3-28 所示设计的轮盘模型，利用 3D 打印机打印出实体模型。

3. 狗腿

可用激光切割机或木工、金工工具，按图 3-30 所示设计图样，加工、制作机器狗简易前腿、连杆。

4. 狗头

根据如图 3-32~图 3-35 所示的设计图样，用厚 1mm 的各色纸板或纸片，采用裁剪、折叠、粘贴等方式，可组装成简易狗头，如图 3-50 所示。

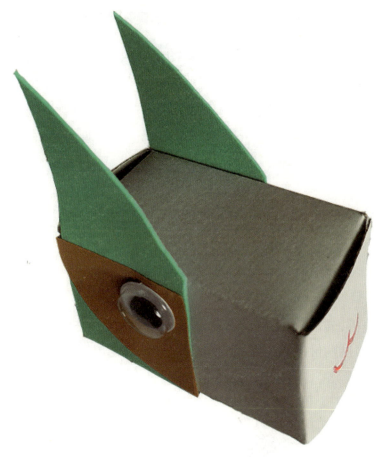

图 3-50 组装的简易狗头

5. Arduino 开发板

Arduino 开发板包括常见的 NANO 板和 UNO 板，每块网购价格在 15~20 元，NANO 板相对小巧、便宜，适合于作品创作。Arduino NANO 开发板外形如图 3-51 所示。各针脚说明如表 3-2 所示。

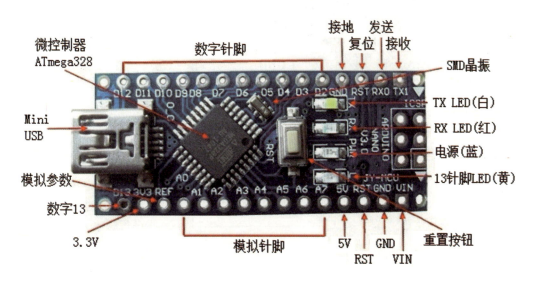

图 3-51 Arduino NANO 开发板外形图

表 3-2 Arduino 开发板各引脚说明

名称	含义	名称	含义
0~13	数字输入/输出：0 和 1 3/5/6/9/10/11：模拟输出 [0,255]	A0~A7	模拟输入 [0,1023] 数字输出 [0,1]
GND	接地或地线	REF	基准电压输入
RST	复位	5V	5V 电压
TX	串行发送	RST	复位
RX	串行接收	GND	接地或地线
3V3	3V 电压	VIN	电源输入电压

6. 电机驱动电路板

用5V电压驱动电机，转动乏力，因此需要电机驱动电路板来提高额定电压，使电机转动有力。L289N 电机驱动模块，网购价格在 3~15 元不等，其输入、输出接线如图 3-52 所示。

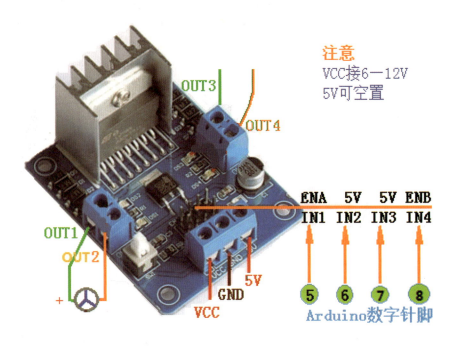

图 3-52 L289N 电机驱动模块输入、输出接线图

有了机器狗体、减速电机、轮盘、狗腿、狗头及 Arduino 开发板、电机驱动模块等，就可以组装简易的机器狗，如图 3-53 所示。

图 3-53　组装好的简易机器狗实物图

● 实践

（1）准备好相关的零器件、紧固件和组装工具，如螺栓、螺母、螺丝刀、扳手等。

（2）根据作品构思及设计，考虑实物作品的组装或安装步骤。

（3）结合自选项目主题，参照机器狗组装资料，学习对自选项目主题作品的组装，或完成对主题作品中某一部分的组装。

● 讨论

在自选项目主题作品的组装过程中，怎样才能有效地进行作品组装？请同学们结合组装实践，写出合理的组装过程或绘出简明直观的组装图，在小组内交流、讨论。

● 项目实施

各小组根据项目选题及拟定的项目方案，结合本节所学知识，进一步完善该项目方案中各项学习活动，并参照项目范例，设计、制作、组装项目作品。

第六节　让机器狗动起来

对于刚组装好的机器狗，我们只要利用 Arduino 开发板，设计程序，让其给减速电机供电，就可以让机器狗运动起来，或利用感知器件让机器狗像智能机器人一样运动。

一、机器狗运动设计

驱动简易机器狗移动的关键部件是减速电机。如何通过驱动电路模块驱动减速电机，实现机器狗的前进、后退、停止？

下面我们结合图 3-51 的 Arduino NANO 开发板外形图和图 3-54 的 L289N 电机驱动模块输入、输出接线图，对机器狗进行控制分析。

从 Arduino NANO 开发板的数字针脚 D5、D6 输出的电平信号，通过电机驱动模块转换为较高电压，从 OUT1、OUT2 输出，驱动电机运转。

对照图 3-51，Arduino NANO 开发板数字针脚 D5、D6 分别连接电机驱动模块的 IN1、IN2，图 3-52 中所示的电机驱动模块的 OUT1、OUT2 分别接减速电机的正极和负极，如图 3-54 所示。

图 3-54　减速电机与 L289N 驱动模块及 NANO 板的电路连接

在 L289N 电机驱动模块中，IN1、IN2 与 OUT1、OUT2 是一一对应的，也就是说，要使机器狗前进，只需要让减速电机正转，即让对应 Arduino NANO 开发板的 D5、D6 针脚分别输出高电平、低电平；要使机器狗后退，只需要让减速电机反转，即让对应 Arduino NANO 开发板的 D5、D6 针脚分别输出低电平、高电平；要使机器狗停止运动，就让 D5、D6 针脚都输出低电平。

机器狗运转设计的几种情况，如表 3-3 所示。

利用 Arduino NANO 开发板和 Mixly，编写程序，控制实体装置的动作，是一项很有趣的创客活动。请同学们结合自选项目主题，对自己设计制作的作品进行编程控制，从中体验创客的乐趣。

表 3-3　机器狗运转设计的几种情况

类　型	减速电机 OUT1	减速电机 OUT2
前进	D5 高电平	D6 低电平
后退	D5 低电平	D6 高电平
停止	D5 低电平	D6 低电平

● 探究活动

● 实践

（1）准备好与 Arduino 开发板接好线、配好电源的机器狗或作品。

（2）在计算机中安装好 Mixly（直接复制软件包到计算机中），并将 Arduino 开发板与计算机用 USB 线连接。

（3）结合自选项目主题，参照机器狗运转设计资料，利用 Arduino 开发板和 Mixly 编写程序，对自选项目主题作品中的某一部分或全部进行程序设计，控制其动作或行为。

二、机器狗自动运动

利用 Arduino 开发板，设计程序，让其给减速电机供电，可以让机器狗自动运动起来，包括前进、后退等。

1. Mixly 编程平台

Mixly 是一款开源、国产的图形化编程工具，中文名为米思齐，全称为 Mixly_Arduino，由我国某创客教育实验室开发，它是基于 Blockly 和 Java 8 开发的，简化了 ArduinoIDE 和其他可视化编程插件的双窗口界面，在国内颇受欢迎。

Mixly 编程界面如图 3-55 所示。

图 3-55　Mixly 编程界面

2. 机器狗自动运动程序设计

根据表3-3所列的机器狗运转情况，用Mixly来编写程序比较简单，只需要按照思路将对应的指令模块拖入编程区中，就可完成程序设计。

这里只设计让机器狗自动"前进"和"停止"的动作。

电机正转（前进）：将数字输出模块拖入编程区，分别设置管脚5为"高"，管脚6为"低"，并将各模块按顺序搭接好。

正转延时5秒：将"控制"类中的延时模块拖入编程区，设置延时为5000毫秒，并与前面模块良好搭接，使机器狗处于正转（前进）状态5秒。

电机停转：将"输入/输出"类中数字输出模块拖入编程区，将曾经设置为"高"的管脚5设置为"低"，并将各模块与前面模块良好搭接。

停转延时5秒：将"控制"类中的延时模块拖入编程区，设置延时为5000毫秒，并与前面模块良好搭接，使机器狗处于停转状态5秒。

控制机器狗自动运动的Mixly程序如图3-56所示。

图3-56 机器狗自动运动的Mixly程序

交流

查看你所设计的控制程序的Mixly代码，看看机器狗的运转是怎样进行的，或者你的作品的动作是怎样被控制的。将自己的看法或分析在小组中交流、讨论。

思考

在我们的项目实践中，用Mixly编写的自动控制程序，总是在不停地重复同一动作，如参考资料中的机器狗总在重复"前进—停止"的动作（每隔10秒循环一次），有什么办法可以使作品的动作跳出自动循环呢？

3. 机器狗感知运动设计

给机器狗装上感知器件，如超声波传感器、温度传感器等，机器狗就能根据感知到的信息做出对应的智能动作或运动。例如，装上超声波传感器，就能在遇到障碍物时及时避让或绕行。

1）超声波传感器

超声波传感器由发射头、接收头和相关元器件组成。发射头向外发出超声波，遇到障碍物后会产生回波返回。如果能测出超声波从发出到返回的时间T，根据声音的传播速度340m/s，可以算出超声波从发出到返回的总路程为 340×T，即机器（超声波传感器）到障碍物的距离 S 就是其总路程的一半，超声波传感器工作原理，如图 3-57 所示。

$$S = 340 \times T / 2$$

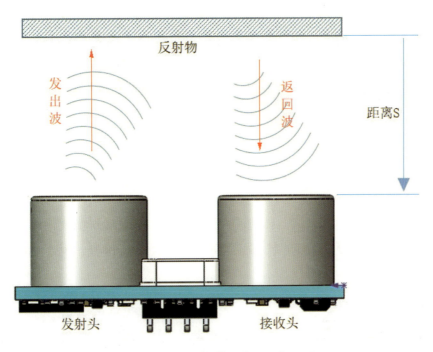

图 3-57　超声波传感器工作原理

2）超声波避障设计

根据超声波传感器工作原理，只要用 Arduino 测出超声波从发出到返回的时间 T，就可以算出距离 S；这样，为了避免机器狗碰到障碍物，可以设定，当机器狗与障碍物的距离 S<20cm 时，就让机器狗停止前进（或者后退），从而实现避障的功能。

电路连接：超声波传感器的发射针脚 Trig 接 Arduino 开发板的 D8 针脚，回波针脚接 Arduino 开发板的 D9 针脚，如图 3-58 左图所示（减速电机仍然通过 L289N 驱动模块与 Arduino 开发板的 D5、D6 针脚连接）。

程序设计：用 Mixly 编写的避障程序，当接收到障碍物的距离 S<20cm 时，让电机停转（D5、D6 均置于低电平），如图 3-58 右图所示。

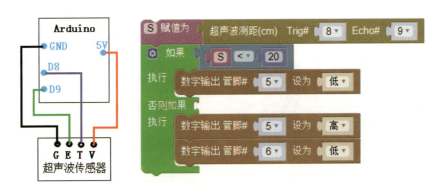

图 3-58　超声波传感器连接与避障程序

- 查阅

围绕项目主题查阅有关传感器的资料，寻找适合于你的项目作品的传感器，并结合预设功能进行编程设计。

三、遥控机器狗

利用 App Inventor 自编手机控制程序，通过安卓手机向蓝牙机器狗发送控制信号，Arduino 开发板接收到信号后可以驱动机器狗运动。

1. 构建蓝牙机器狗

构建蓝牙机器狗，需要用到蓝牙模块，可以采用 BLE-LINK 或 HC-05。BLE-LINK 是基于蓝牙 4.0 的通信模块，它采用 XBEE 造型设计，体积尺寸紧凑，兼容 XBEE 的扩展底座，适用于各种 3.3V 的单片机系统；HC-05 是主从一体的蓝牙串口模块，默认从模式，即任意蓝牙设备连接模式。蓝牙的主从模式，可以进入 AT 状态，通过 AT 指令进行设置。关于 BLE-LINK 和 HC-05 的针脚标识如图 3-59 所示。

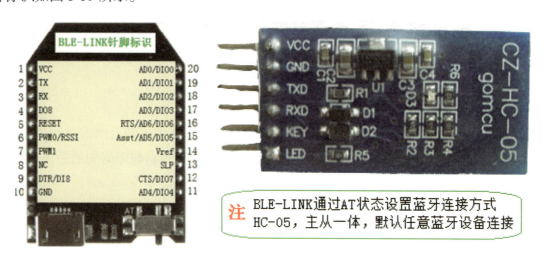

图 3-59　BLE LINK 与 HC-05 蓝牙模块针脚

尽管 LBE Link 蓝牙模块有 20 个针脚，但蓝牙机器狗能用到的只是 1（VCC）、2（TX）、3（RX）、10（GND）针脚。蓝牙机器狗就是在机器狗的基础上再加上一个蓝牙模块，BLE LINK 蓝牙模块与 Arduino 开发板的连接，如图 3-60 所示。

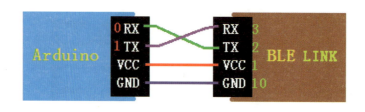

图 3-60　Arduino 开发板与 BLE-LINK 的连接

注意，除了 RX、TX 的交叉连接外，VCC 应接 Arduino 板的 3.3V，使用 HC-05 蓝牙模块的接线亦如此。

2. 机器狗端接收程序

在蓝牙机器狗端，对 Arduino 开发板设计接收程序。具体程序根据蓝牙接收指令进行。如收到的指令为"f"，则让机器狗前进；如收到的指令为"b"，则让机器狗后退；如收到的指令为"s"，则让机器狗停止运动。

注：无论机器狗前进还是后退，最好都让电机先停一下，再运转。

● 实践

尝试利用 Mixly，编写蓝牙机器狗端接收程序，参考程序如图 3-61 所示。

图 3-61 机器狗端参考程序

3. 手机端控制程序

利用 App Inventor 编写手机程序，其程序界面如图 3-62 所示。

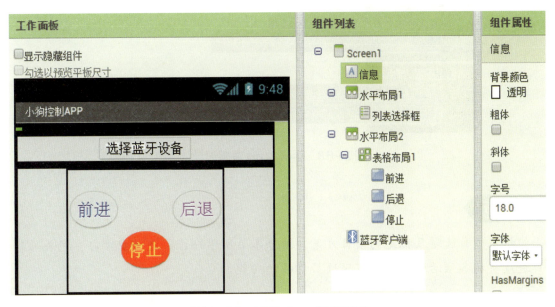

图 3-62 手机 App 程序界面

说明："信息"用来显示蓝牙连接状况，字号设置为 18，文本颜色为黄色；"列表选择框"将手机搜索到的蓝牙设备列出来供操作选择；利用水平布局和垂直布局将"前进""后退""停止"三个按钮置于合适位置，按钮形状设置为椭圆，字号设置为 24。

手机 App 程序的逻辑设计，包括以下几方面。

（1）设手机为蓝牙客户端，将所搜索到的蓝牙设备作为列表选择框的元素，准备给用户选择。

（2）将用户选中项作为手机蓝牙连接对象。

（3）当用户单击操作按钮后，调用蓝牙客户端向被连接的蓝牙设备发送数据信息，如单击"前进"则发送字符"f"，单击"后退"发送字符"b"，单击"停止"发送字符"s"，如图 3-63 所示。

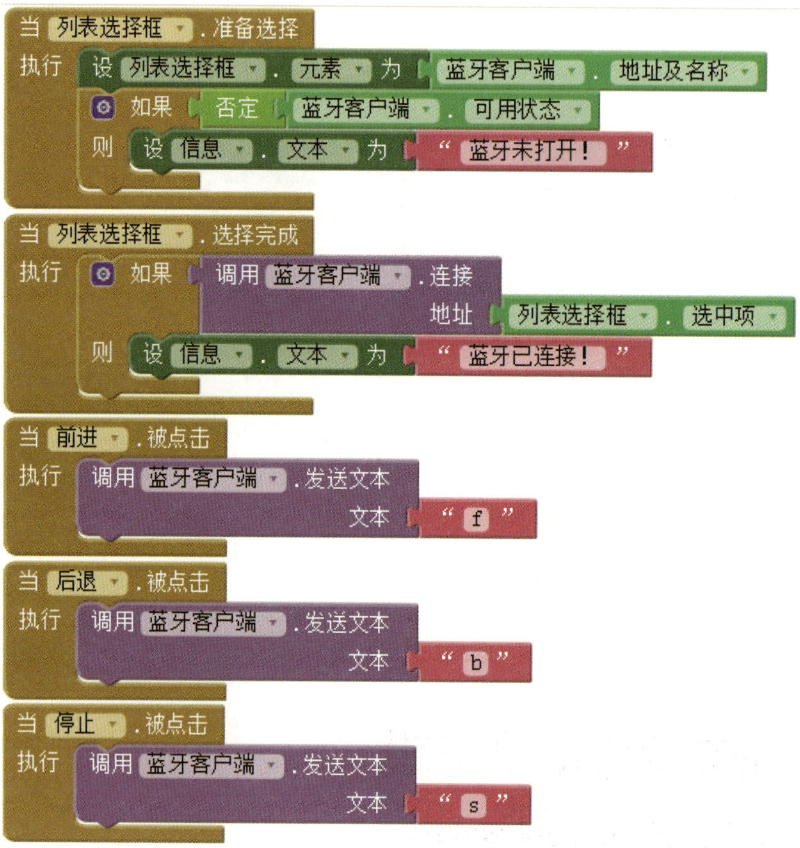

图 3-63　手机 App 逻辑设计

● 项目实施

各小组根据项目选题及拟定的项目方案，结合本节所学知识，进一步修订、完善项目方案，按照项目进度实施各项活动，编程实现项目作品的功能。

第七节　实体作品创作

科技作品的创作，一般需要经过确定主题、提出方案、实施项目等阶段，还要通过交流、分享、评价等过程来进一步完善作品。

一、确定主题

作品创作的主题往往来源于创作者的亲身实践，来源于创作者本人在实践过程中的灵感一现。作品主题的发现、提出和确定，要注意考虑"三性"原则：科学性、创新性、实用性。

科学性是指所确定的主题必须有一定的理论依据和事实基础，要符合人类认识和事物发展的基本规律。如果所选的课题在方向上发生差错，那么不论你有多大的聪明才智，仍会遭到失败。

创新并不是要求一切都是独创的，更不是去开辟一个全新的研究领域。提出一个别人还没有研究过的课题，是创新；用与别人不同的研究方法进行研究一个已经研究过的课题，是创新；将一种理论、一个观点首次应用到实际中去，是创新；将已经在某一领域得到应用的理论、观点、方法和手段，应用到新的领域中去，也是创新；就算在"山寨"产品的基础上进行改进，也是一种创新。

可行性就是在确定主题时一定要充分考虑项目研究和创作的主观条件和客观条件。主观条件就是考虑自己的情况，自己已有的知识水平、自身积累的经验、兴趣爱好、时间和精力；客观条件就是外部情况，如该项目的外部研究进展状况，与其他人的配合和共享情况等。总之，要从实际情况出发，选择可以通过自己的努力获得成功的主题。

二、提出方案

主题确定后，应围绕主题提出切实可行的、指向目标的框架方案（或初步方案）和细化方案。

框架方案包括两大部分，一是采用模块化思想将主题分解为若干部分或若干块分别进行；二是针对创作目标将进程划分为若干阶段。

细化方案，包括具体模块的细化（遵循原理，细化设计——原理图、原型图、电路图、效果图）和阶段目标的细化（阶段计划表、任务进度表）。

三、实施项目

科技作品创作项目的实施，主要是准备元器件及工具，照图施工，自行制作。元器件及工具的准备一般以网购为主，网购要注意成本核算，在制作过程中也要注意成本核算，练好制作技术，尽量减少元器件损耗。

科技作品的创作是一种创造性的脑力劳动，在项目实施过程中，必定会遇到各种各样的新问题、新困难或挫折，要注意坚韧不拔、刻苦钻研，充分利用各种有利因素，不断解决新问题，克服新困难。

四、交流、分享

交流、分享是创客的基本素质之一。

通过交流和分享，不仅能使我们的创作少走弯路，有效地解决创作过程中出现的问题，而

创意呈现

且也是对创作过程和创作作品的一种评价，有利于作品更完善，创作更完美。

让我们努力动手造物，积极交流、分享吧。

● 探究活动

● 拓展

1. 作品创作参考：Arduino 小车

问题：能否创作出一个类似于机器人的东西，让其循着道路行走？

思路：将 Arduino 置于有电动机驱动的底盘上，组成一台三轮或四轮车；利用光敏电阻对黑、白的不同识别能力，让车循着白线或黑线运动，如果偏离轨迹则能自动返回，就像循迹机器人一样；如果遇到障碍物，则自动调整方向或后退转向；如果人工干预，则可通过红外（蓝牙或无线）遥控操作。

元器件：Arduino 板、三轮底盘（带万向轮）、左后轮、右后轮（直流电机＋轮胎）、光敏电阻、超声波测距模块、红外接收头、蓝牙等；列出网购清单（包括单价、总价），写出实施方案（包括电路图、IDE 程序）。

2. 作品创作参考：通过网络遥控家电

问题：家中有老人不会使用遥控器看电视，怎样远距离通过网络控制家中电视机，实现远距离地开、关电视机并选择播放频道呢？

思路：①组建家中 Arduino 服务器，建立 VPN 通道，让家中服务器能够在公网被访问；②在 Arduino 服务器上安装红外发射管，让电视机或机顶盒的红外接收管能够接收到红外指令；③用手机或电脑通过网络登录家中服务器，访问服务器的指令页面，选择电视机或机顶盒的开机、关机、选频道等指令，让家中服务器上的红外发射管发出对应的红外指令遥控电视机。

元器件：Arduino 板、以太网扩展板、红外发射管等；列出网购清单（包括单价、总价），写出实施方案（包括电路图、IDE 程序等）。

● 项目实施

各小组根据项目选题及拟定的项目方案，参照上述分析，结合本章所学知识，进一步完善该项目方案中各项学习活动，参照项目范例，制作项目作品并实现项目功能，撰写相应的项目成果报告。

● 成果交流

（1）各小组运用数字可视化工具，将所完成的项目成果，在小组和全班中，或在网络上进行展示与交流。

（2）根据别人的意见和建议，进一步优化方案，迭代改进，完善作品。

● 活动评价

各小组根据项目选题、拟定的项目方案、实施情况以及所形成的项目成果，根据本书附录的"项目活动评价表"，开展项目学习活动评价。

本章扼要回顾

同学们通过本章的学习，根据"创意制作"的知识结构图，扼要回顾，总结、归纳学过的内容，建立自己的知识结构体系。

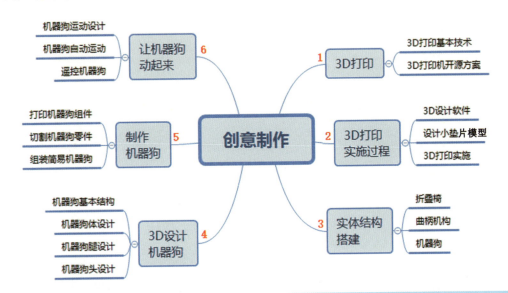

回顾与总结

附录　项目活动评价表

项目学习过程	创新创作素养达成	一级指标	二级指标	评价结果
选定项目	从现实世界中选择明确的项目主题，形成创新的敏感度和价值判断力。 分析项目目标的可行性	项目选题	从现实世界选择项目主题的能力 化抽象概念为现实问题的能力 对创新的敏感度和价值判断力	□优秀 □良好 □中等 □仍需努力
		项目分析	分析项目目标的能力 分析项目可行性的能力 从现实世界发现项目素材的能力	□优秀 □良好 □中等 □仍需努力
规划设计	组建团队与明确项目任务，体现正确的社会责任意识。 规划项目，交流方案	项目规划	组建团队与明确项目任务的能力 规划项目学习工具与方法的能力 预期项目成果的能力	□优秀 □良好 □中等 □仍需努力
		方案交流	交流项目方案的能力 完善项目方案的能力 体现正确的社会责任意识	□优秀 □良好 □中等 □仍需努力
活动探究	通过团队合作，围绕项目进行自主、协作学习。 开展探究活动，提升信息获取、处理与应用、创新能力	团队合作	自主学习能力 分工与协作能力 交流与沟通能力	□优秀 □良好 □中等 □仍需努力
		探究活动	信息获取与处理能力 探究与联想能力 实践与创新能力	□优秀 □良好 □中等 □仍需努力

创意呈现

续表

项目学习过程	创新创作素养达成	一级指标	二级指标	评价结果
项目实施	针对项目进行分解，明确需要解决的关键问题，并采用科学的思想方法，在形成问题解决方案的过程中，实现预设目标，完成作品	工具方法	采用科学的思想方法的能力 使用数字化工具与资源能力 数字化学习能力	□优秀 □良好 □中等 □仍需努力
		实施方案	针对项目进行分解的能力 明确需要解决的关键问题 完成方案中预设目标的能力	□优秀 □良好 □中等 □仍需努力
项目成果交流与评价	与团队成员共享创作快乐，提升批判性思维能力与社会责任感。评价项目目标与成果质量效果。	成果交流	清晰表达项目主题与过程的能力 与团队成员共享创造与分享快乐 提升批判性思维能力与社会责任感	□优秀 □良好 □中等 □仍需努力
		项目评价	运用新知识与技能实现项目目标 项目成果的可视化表达质量 项目成果解决现实问题的效果	□优秀 □良好 □中等 □仍需努力
综合评价				